「ヨコミネ式」
家庭でできる天才教育

横峯 吉文

宝島社

はじめに

私は、子どもたちが大きな挑戦をするとき、名前を叫ばせることにしています。


「名前はー！」

「おにづかいつきー！」

一度ではダメです。もう一度、叫ばせます。

「名前はー！」

「おにづかいつきー！」

大きな声で自分の名前を叫んだ子どもは、顔つきが変わります。そして、少しの間を置いて、それまで恐れていた川面に飛び込んでいきます。

大きな声を出すと勇気がでてきます。
子どもたちは腹の底から自分の名前を叫ぶことで、あと一歩踏み出せない壁を乗り越えることができるのです。

これは私が、子どもたちを30年以上、見てきてわかったことです。ただ、勇気がでるということに対して科学的根拠を示せといわれても困ります。私は単なる鹿児島にある保育園の理事長ですから、難しい理屈は知りません。

けれども、どうすれば子どもが力を発揮できるのかはわかります。どうすれば子どもの能力を伸ばせるのかということは、30年も子どもを見てきたからわかるのです。

そんな私からすれば、「子どもの能力がどうやったら引き出せるのか」について、一般の保育園や小学校は、まったく気づいていないのではないかと思えてなりません。理屈ばかり考えて、少しも子どもを見ていないのではないでしょうか。

子どもの才能を伸ばすための答えは、子どもにあります。

「子ども」という全体像ではなく、一人ひとりの子どもに目を向けることが必要なのです。

世の中の学校、先生、保育園、幼稚園、そして親御さん。そのほとんどが、子どもの能力を引き出す方法、やる気にさせる方法を知らないのではないかと思えてなりません。

学校を信用していませんか?
子どもに勉強を教えていませんか?
学習教材に合わせていませんか?
何のために子育てするのかわかっていますか?

男と女をいっしょだと思っていませんか？
子どもをほめていませんか？
子どもを傷つけないようにしていませんか？
子どもが飽きていませんか？
子どもに押しつけていませんか？
子育てをがんばっていませんか？

この本では、こういった間違いを犯しがちな10の項目について、説明しています。

「学校を信用する」
「子どもに勉強を教える」
「子どもをほめる」
「子育てをがんばる」

こうやって並べると、正しいように思えることも、すべて間違いです。子どもを一人前に育てたいのならば、今日から改めなければいけません。

今日からです。

子どもにとって10歳までの幼少期は、とても大切な時期です。特に私が「ゴールデンエイジ」と考える3歳から10歳までの時期は、物事を吸収するうえでかけがえのないときなのです。

その大切な時間に、間違った方法で子どもを育てていると、子どもがダメになってしまいます。3歳から10歳までの子どもをもつ親御さんで、心当たりのある方は、すぐに改める必要があります。

私がなぜそのように言い切れるのか——。それは、鹿児島の保育園で30年近い試行錯誤の末、子どもがどうすれば伸びるのか、子どもがいかにすれば自分の夢を実現させられるのかがわかったからです。

私のその考えは「ヨコミネ式」という学習プログラムになっています。

教えて育てる「教育」では、子どもが育たない。
自ら学んで育つ「学育」こそが、子どもを成長させる。

これが私の考えのひとつの核となるものです。そして子どもたちには「自学自習」を実践させています。

すべての子どもが天才である。
ダメな子なんてひとりもいない。

これが私の率直な感想です。

子どもの才能を正しく開花させて、すべての子どもの夢を実現させてあげたい。

そしてこれが私の切なる願いです。

子どもの明るい未来を望む方は、ぜひ本書で綴っている「ヨコミネ式」に触れてください。そして、大切なお子さんのために、正しい子育てをしてください。きっとお子さんの顔は、生き生きとしてくるはずです。

横峯吉文

目次

2章 子どもに勉強を教えるな……49

3章 教材に合わせるな……67

6章 子どもをほめるな……113

7章 傷つけることを恐れるな……125

9章 子どもに押しつけるな……157

10章 子育てをがんばるな……169

構成協力　岡部敬史
写　　真　冨田きよむ
本文DTP　オフィス・ストラーダ

1章　学校を信用するな

私は、自ら学び覚えていく「自学自習」こそが子どもを大きく成長させると確信しています。それゆえ、いろんな場所でその重要性を説明しているのですが、これほど力説しているのには理由があります。

それは、今の学校が信用できないからです。

子どもの教育など学校に任せておけばいいと考えている親御さんもいるでしょうが、それは違います。残念ながら、今の学校は信用できません。

「ひらがなで自分の名前だけ書ければいい」という噂

たとえば、入学前に聞く「小学校に入る前は、ひらがなで自分の名前だけ書ければいい」という噂も信用してはいけません。

なぜなら、これは現実に則した話ではないからです。というのは、小学校では、文字を使って授業を行ないますし、普通に文字を書かせます。4

月に入学すると、5月になる前には、もう日記を書かせるのです。

自分の名前をやっと書けるようになった子どもに、そんなことができるはずがありません。

名前だけ書ければいいですよ——というのは、小学校が何でも教えてくれるという幻想を抱かせるだけのきれい事にすぎません。こんなことを信じて学校にいってしまうと、たちまち劣等感を抱いて、すぐに学校が嫌いな子どもになってしまいます。

私は、小学校に入る前に「ひらがな」「カタカナ」のすべてを読み書きできるようにしておくのは、絶対条件だと思います。

小学校が、字を書けない、読めない子のために手取り足取り教えてくれると思ったら大間違いなのです。

「サービス業化」した教える現場

学校が信用できないひとつの要因に、教える現場が完全に「サービス業化」していることが挙げられます。

理不尽な要求を学校に突きつける親――いわゆる「モンスター・ペアレンツ」――の存在も大きく影響していますが、今、先生の視線は、子どもではなく親に向かっています。

親にこびることが仕事と考えている人も多いので、子どもをしかることができないのです。

学校では、子どもをしかる局面というのはどうしてもでてきます。そういった叱責も子どもを成長させるうえでは大切なのです。にもかかわらず、サービス業化している学校では、親の顔色を気にして子どもを「お客様」扱いしているのです。

こんなことでは、子どもを育てる場所としての学校が正しく機能するはずがありません。

「一斉授業」では子どもの能力を伸ばせない

学校を信用してはならないと思うもうひとつの大きな要因は、マニュアル化された「一斉授業」を行なっているからです。

子どもというのは、多様な個性をもっています。その個々人に応じた課題があり、それをひとつずつクリアすることで、子どもたちはその才能を伸ばします。

しかし、学校というところは、全員に同じ授業をします。

だいたいクラスの2割はできる子、2割は落ちこぼれ、残りの6割が平凡だといいます。

この平凡である6割に照準を合わせたマニュアル学習が、戦後教育の姿なのです。

このようなすべての子に対して同じことを教える「一斉授業」では、とても子どもの能力を伸ばすことなどできません。

また、この一斉授業では、ちょっとでもつまずくと、その先の授業についていけなくなります。足し算や引き算をきっちり理解していないのに、割り算を教えられてもわかるはずがありません。しかし学校の授業というのは、そういった一人ひとりのつまずきを待ってはくれないのです。これでは、子どもたちが勉強嫌いになるのは、やむをえないでしょう。

子どもは生まれながらに学ぶことが好きです。しかし、まったくわからない授業や簡単すぎてつまらない授業につき合わされているから、勉強が嫌いになってしまうのです。

「学校が嫌い」「勉強が嫌い」と言ったとしても、すぐに子どものせいにしてはいけません。本当は勉強が好きなのに、学校の一斉授業によって今は嫌いになっているだけ。そう考えてあげてください。

学校は正しいはず——こう思ってはいけません。

なぜ先生は「読書感想文」を課題にするのか

先生は正しいはず——とも思ってはいけません。
なぜ、学級崩壊が起こるのか。
なぜ、落ちこぼれる子どもがあとを絶たないのか。
こういった問題の分析など、ほとんどできないのが学校の先生です。

そもそも「小学校は何をするところなのか」といった質問を投げかけても答えられる人など、ごくわずかです。

私の保育園の子どもたちが私語をすることなく、自学自習の課題に取り組む姿を見て「あんなことができるのはスパルタだからでしょう」と言うのも、決まって先生です。押しつけるばかりのスパルタでは子どもが伸びないということも知らないのです。

先生が子どもたちに与える課題も、私にとっては変なものばかりです。彼らは子どもたちによく宿題を出しますが、なぜ毎日6時間も子どもを拘束しておきながら、そのうえ家での課題まで出すのでしょうか。学校にいるときに、しっかり学べばいいはずなのです。

小学校に入ったばかりの子どもに読書感想文を課題として出す先生もいますが、これもおかしなことです。

文章が読めることと、読書感想文が書けることはイコールではありません。

感想を書くというのは、書いてあることを読み解いて理解する必要があります。つまり「読解力」が必要なのですが、これは人生経験がなければ育まれない力です。

満たされた世界で育って、何の人生経験もしていない子どもたちには、読書感想文などそうそう書けるものではありません。まだ「読み」「書き」「計算」の基礎学力も身についていないうちから、なぜ感想文などを書く必要があるのでしょうか。評論家にでもしたいのでしょうか。理解に苦しみます。

卒業したあと、子どもがどう育つのか気にならないようなプロ意識の低い先生も少なくありません。

私がこの仕事をしていていちばん悲しいのは、卒園した子どもが小学校にいっていじめられているとか、落ちこぼれていると聞くことです。たとえ卒園しても、子どもたちのその後がとても気になるのがプロとして当然ではないでしょうか。

私の園の先生たちには、学校の授業参観にいく人もかなりいます。それはやはりプロとしてその後が気にかかるからです。私も実際に落ちこぼれている子がいたら、「もう一度、学童保育に通って自学自習をしてはどうですか」とすすめています。

学校の先生にも同じことをしろと要求するわけではありませんが、子どもの将来が気になるというのは、プロとして自然な姿だと思います。でも、そうやって気にしている先生がどれくらいいるでしょうか。

私は、先生も信用できないと思っています。だから先生が書いた通知表が絶対だと思わないでください。

あなたの子どもの才能や可能性を、信用できない先生が書いたもので決めつけないでください。

プロであるならば絶対に親のせいにしてはいけない

私の保育園には、こんな経営理念があります。

1　ひとり、ひとりのお母さん（保護者）のための保育園であること
2　ひとり、ひとりの子どものための保育園であること

「2」のほうは、納得しやすいことだと思います。ただ「1」のほうは、意外と思われるかもしれません。

しかし、この「ひとり、ひとりのお母さんのため」というのも、大切にしている理念です。

保育園や幼稚園の先生のなかには、子どもが思うようにならないことを、親のせいにする人がいます。

そして、朝食を食べてこなかったり、お風呂に入ってこない子の親に対して、問題視するような先生もいます。

かつて私の保育園にも、そういった先生がいました。

世の中の親には、いろんな人がいて当たり前です。何でも「親が悪い」と

片づけてしまっては、保育のプロなど必要ありません。プロであるならば、絶対に親のせいにしてはいけないのです。

私はそんな先生にこう言いました。

「朝ごはんを食べてこない子がいるなら、食べさせればいいじゃないか。いつもパンとバナナと牛乳を買っておいて、保育園で朝食をとらせればいい。お風呂に入ってこない子がいても、保育園でシャワーを浴びさせればいいんだ。何のためにプロの保育士がいるんだ。親のせいにするなら、保育士は必要ない！」

それから、私の保育園では、朝食をとってきていない子には、パンとバナナを食べさせることにしました。

お母さんのなかには、朝早くに勤めにでかけなくてはならず、朝食を作れない人もいます。そういうお母さんのために保育園があるのです。

毎日、朝食を作れる人ばかりではありません。だからこそ、私たちの仕事が成り立つのです。

私たちは保育のプロであるからこそ、一人ひとりのお母さんのためにならなくてはいけないと思っています。

このように朝食をとらずにきた子が、保育園で食べていれば、お母さんはそのうち気づきます。子どもが自ら「今日、保育園でパンとバナナを食べたよ」とどこかで言うからです。

こうして気づいてもらったときに、保育園に厚い信頼を寄せてくれるのです。そして「がんばって朝ごはんを作ろう」とも思ってくれるのです。

これがプロがすべき信頼の築き方だと思います。もちろん、親に気づいてもらわなくてもかまいません。世の中にはいろんな事情のお母さんがいますから、不備なことを責めるべきではないのです。

世の保育士さんは、何かあるとすぐに親のせいにしがちですが、それはプロの姿勢としては間違っていると思います。

プロである以上、どんな家庭の子どもでも、その事情を汲み取って対処すべきなのです。

親のせいにしてはいけません。ましてや、子どものせいにするなど許されません。


ダメな子どもなんてひとりもいないのです。

すべての子どもが天才である。


これが30年以上にわたって子どもを見てきた私の素直な感想です。

その素晴らしい才能を引き出してあげるのが、私たちの仕事なのです。

そして子どもの可能性を信じて、見守るのが親の務めなのです。

間違っても「できの悪い子を預かった……」などと言ってはいけません。

子どものせいにする保育士など、プロ失格なのです。

　こういった問題意識は、学校の教育現場でも、真剣にもつべきであるはずです。しかし、今、学校の先生がどれだけプロであろうとしているでしょうか。子どもや家庭のせいにしていないでしょうか。子どもの可能性を伸ばすための努力を最大限しているでしょうか。私には、そうは思えないのです。

「教育格差」は学校が作り出した

　学校は信用できなくなったとはいえ、子どもの学力を育むうえで絶対的な存在であることは、疑いようのない事実です。

　今は小学生向けの塾などもたくさんありますから、学力向上は学校以外の場所で——と考える人もいるかもしれませんが、現実においてはそうもいきません。

ＯＥＣＤ（経済協力開発機構）が「生徒の学習到達度調査」（通称「ＰＩＳＡ」）というのを世界的に行なっています。

この調査で常に最上位レベルの成績を収め、世界的な教育国として注目されているのが、北欧のフィンランドです。

また、日本における全国レベルの学力調査で上位に位置するのが、秋田県や福井県です。

このフィンランドと秋田、福井に共通するのが塾の少なさです。

フィンランドには、塾がひとつもありません。また、秋田や福井といった県も、塾の数が圧倒的に少ない県です。

このように子どもの学力を全体的に伸ばすのは、やはり塾ではなく学校なのです。

前述のＯＥＣＤの調査によると、２００６年度の日本の読解力は12位になり、一昔前までは一流の教育国だった日本は、二流国へと成り下がっています。

OECD加盟国のPISA読解力平均得点順位の推移

	2000年	2003年	2006年
1	フィンランド	フィンランド	韓国
2	カナダ	韓国	フィンランド
3	ニュージーランド	カナダ	カナダ
4	オーストラリア	オーストラリア	ニュージーランド
5	アイルランド	ニュージーランド	アイルランド
6	韓国	アイルランド	オーストラリア
7	イギリス	スウェーデン	ポーランド
8	**日本**	オランダ	スウェーデン
9	スウェーデン	ベルギー	オランダ
10	オーストリア	ノルウェー	ベルギー
11	ベルギー	スイス	スイス
12	アイスランド	**日本**	**日本**
13	ノルウェー	ポーランド	イギリス
14	フランス	フランス	ドイツ
15	アメリカ	アメリカ	デンマーク

国立国会図書館調査及び立法考査局「国際比較にみる日本の政策課題」より

2009年度全国学力・学習状況調査実施概況

中学校 国語A

	平均正答率%
1	秋田県(82.3)
2	福井県(82.0)
3	富山県(81.8)

小学校 国語A

	平均正答率%
1	福井県(75.5)
2	秋田県(75.3)
3	青森県(73.6)

国立教育政策研究所 発表資料より

※国語Aとは、基礎的・基本的な言動活動や言語事項に関する知識・技術が身についているかどうかをみる問題。小学校は6年生、中学校は3年生を対象に実施

日本の子どもたちの学力が低下しているのは、学校の怠慢に起因するのです。今「教育格差」という言葉を耳にすると思いますが、その原因はやはり学校にあるのです。

大切なのは「基礎知識」ではなく「基礎学力」

学校が子どもたちの学力を伸ばせない要因として見逃せないのが、子どもたちに「知識」を与えようとしている点です。

子どもたちにとって与えられる知識など役に立ちません。子どもたちは、自分の頭で考え学びとったものしか身につかないのです。そのため10歳までの幼少期には、知識を与えるのではなく、自分で学ぶために必要な力、つまり「基礎学力」を身につけさせる訓練をする必要があります。

自分で学ぶために必要な力――。

これは具体的にいえば「理解力」「読解力」「思考力」という3つの力から構

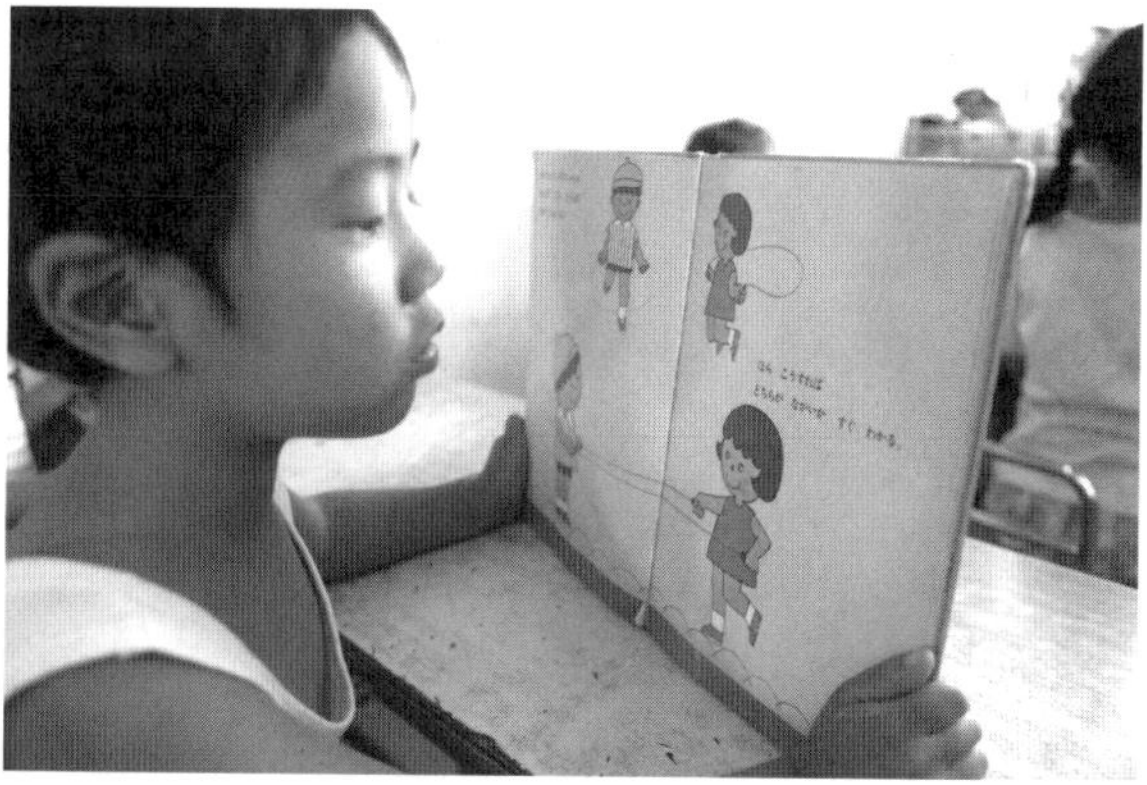

基礎学力を身につけるのに必要なのが「読書」

成されます。

文章を読み、そこに何が書いてあるのかを知る。そして、その意味するところを考えて理解する。

この力を身につけることができれば、子どもたちは自分で学びとっていくことができます。子どもには「基礎知識」はいらないのです。必要なのは「基礎学力」なのです。

この「基礎学力」を習得するためにもっとも大切なのが、国語。つまり「読み」「書き」です。

「読み」で行なうべきことはやはり「読書」です。子どもたちは、自分で本を読むことで、自ら学ぶために必要な「理解力」「読解力」「思考力」を身につけていくことができます。

「書写」で新聞記者くらいにはなれる

「書き」で具体的に行なうべきことは「書写」です。書写というのは、馴染みがない人も多いでしょうが、実に有効な学習手段だと思います。

以前、私のところに取材にこられた新聞記者の方に「どうして新聞記者になれたの？」と聞くと、こんな話をしてくれました。

「ある日父が、小学生だった私の机の上に『小学生新聞』の切り抜きを置きました。私を新聞記者にしたかった父は、これを毎日書写するように言ったのです。私は、父の言葉に従い、とにかくこれを写すことだけをがんばりました。毎日、『小学生新聞』の中から気になる記事を選び、それを書き写す。そしてわからない言葉があれば辞書で調べて書き写す。これだけの

先生に書いてもらった文章を見ながら書写して国語力をつける

作業はだいたい20分あれば終わります。でも、これを私は欠かさず10年続けました。書写した原稿は全部で５０００枚になりました。これだけやれば、誰でも新聞記者くらいにはなれると思います」

この記者が話してくれた書写の効能は、それほど誇張された話ではないと思います。私も彼と同じくらい、この書写がもつ力というのを感じています。

『小学生新聞』を書写するという作業は、「てにをは」といった日本語の基礎を身につけられるだけでなく、新聞にでてくる社会のニュースに興味を抱くきっかけにもなります。

子どもというのは、早く大人になりたいものですから、社会のニュースを通して大人と会話するのが楽しいのです。

「今日の新聞に税金のことが書いてあったね」

こういったきっかけで、大人の話ができることが楽しいのです。そして自分の口で話すためにはきちんと理解しようという気持ちも芽生えますから、わからない言葉は自分で調べるようになる。

まさに自学自習を通して、自分で学ぶことができるのです。

「基礎学力」は読み・書き・計算で身につける

ぜひ、10歳までの子どもには、生半可な「基礎知識」ではなく、人生で役立つ「基礎学力」を自学自習で身につけさせてください。

そのためには、何よりも国語力。つまり「理解力」「読解力」「思考力」を養うために、まず読書です。そして書写。これは、いつから始めてもいいですから４年続けてください。

そして「計算」も大切です。これはソロバンで身につけていくのが効果的です。

自学自習の「読み」「書き」「計算」で、子どもにとって大切な「基礎学力」を身につけることが何よりも大切であることを忘れないでください。

客観的な数字をいえば、「読み」だと本を１万冊読破。「書き」は、書写を４年。「計算」は、ソロバン１級。これだけできれば、あらゆることを自分で学べる立派な基礎学力が身につくはずです。

「自己防衛」として大切な自学自習

学校は「一斉授業」と「サービス業化」によって、信用できなくなりました。

そして「基礎学力」を身につけるときに「基礎知識」ばかりを教えて、子どもの能力を開花させることができていません。

そこで必要なのが、やはり自学自習なのです。

小学校に入学して、つまらない一斉授業を受けることになっても、自分から学び、自分で感じとる力、すなわち自学自習さえ身につけていれば、マイペースできちんと学ぶことができます。

学ぶことが楽しいから、授業に落ちこぼれることもありません。自分の頭で考えることができるようになった子どもは、失敗しても必ずその原因に気づきます。親はそれを辛抱して待っていればいいのです。

日本の教育システムを変えられない以上、自分で学ぶ力を身につけることは、ある意味「自己防衛」として大切なのです。

そして、自学自習で伸びていく子どもを見ていると、大人の意識も変わります。当然、子どもに接することもおもしろくなります。子どもによって親が変わるのです。大人が変われば子どもも変わるといいますが、私は逆だと思います。子どもが変化し、成長することによって、すべての親は変わっていきます。

小学校の先生や教育制度をあてにしてはいけません。

子育ては子どもに学べ。

これが私の経験からくる持論なのです。

学童の子たちも自学自習で「ソロバン1級」

私の保育園では学童保育も行なっており、卒園して小学校に入った子どもたちも、放課後に2時間ほどすごしています。彼らの課題は、だいたいこの5つでしょうか。

1　本を読む
2　書写
3　ソロバンまたは英語

4　音楽（キーボードで弾く）
5　宿題をする

小学生になっても「読み」「書き」「計算」の自学自習を行なうことは変わりません。

「1」の読書では、図書館で借りてきて読む子が多いようです。園にも本はたくさんありますが、もう自分に必要な本を探せる子たちですから、好みのものを選んできて読んでいます。

「2」は、小学生新聞の書写。自分で気になる記事を選んで書き写すわけですが、文章能力の向上だけでなく社会に対する意識も広がって、とても効果が高い課題だと思います。わからない意味を調べることで、語彙《ごい》も飛躍的に増えていきます。

「3」のソロバンでは、学年別ではなくレベルに応じた問題を各自がやっています。このソロバンは、もともと小学校卒業までに1級をとることを目標にしていましたが、小学2年生で1級をとった子がでるなどこちらの予想以上に素晴らしい進歩を見せています。

鹿児島県のある地区のソロバン大会では、1位、2位、3位を私が経営する保育園の学童の生徒が独占したこともありますし、小学1年生の部に保育園の年長の子を連れていったら1位になってしまったこともあります。

現在、学童では小学5年生になると、ほとんどの子が1級をとっています。

ちなみに1級をとった子はソロバンをやめて英語の勉強を始めます。テキストは中学1年生が使う教科書です。

この英語学習の目標は、日常会話レベルの英会話ができることと、英字新聞が読めることに設定しています。

もちろん自学自習でやりますが、会話に関しては毎週土曜日に英語の先生に来てもらって英会話の授業を行なっています。英語の勉強というと、「英検」を受ける人が多いようですが、今のところ考えていません。

自学自習による英語学習も想像以上の成果を出しており、小学校5年生でもう中学2年生の教科書をやっている子もいます。

こうして小学校に入っても「読み」「書き」「計算」の自学自習を続けた子どもたちは、しっかりとした基礎学力を身につけていきます。

放課後にたった2時間、自学自習に取り組むだけでこれだけの成果が出せるのです。

学校は、毎日6時間も拘束して、めぼしい成果も出せていないのではないでしょうか。もう少し、「ヨコミネ式」の学童における成果がはっきりとした形となって表れてくれれば、その実績をもとに小学校の学習体系も、よりよい方向に変えられるのではないかと、私は考えています。

「義務教育」という強大なモンスターが、あなたの子どもを牛耳る

ここで「自学自習」のためのポイントを書いておきます。

子どもは自分で学び、自分で習得していきます。

そのために大人がすることは、それほど多くはありません。

子どもを甘やかさずに、毎日少しの時間でも継続して自学自習をくり返す。

できなかったらしかって、できたらきちんと認めてあげる。

「一番になれ」と励ます。

余計なことは言わずに、子どもの自主性に任せて、ただ見守る。見守ったうえで、子どもの目線で的確なアドバイスを送る。

これだけです。ほかに難しいことは一切考えなくてけっこうです。

しっかり覚えておいてください。

小学校に入学したら、その先の9年間、「義務教育」という強大なモンスターが、あなたの子どもを牛耳るのです。そのシステムの犠牲にならないためには、幼児期のうちに「自学自習」という最強の習慣を叩き込むことが大切なのです。

いいですか。学校を信用してはいけません。

信用すべきなのは、あなたの子どもです。子どもの才能こそ、あなたがもっとも信用すべきものなのです。

2章　子どもに勉強を教えるな

私は、鹿児島県の志布志市《しぶし》で、通山《とおりやま》保育園、伊崎田《いさきだ》保育園、たちばな保育園という3つの保育園を経営しています。この保育園で育った子どもたちの姿がテレビで紹介されて、私は「天才園児を育てるおじさん」と呼ばれるようになりました。

ただ、私は、それほどすごいことをしている気はありません。

たしかに子どもたちはこんなことができます。

卒園するまでに平均2000冊の本を読みます。

逆立ちのまま歩き回ることができます。

曲を聴いただけですぐに演奏ができます。これは「絶対音感」を身につけているからです。

ほかにも、年長組の50メートル走の平均タイムは、小学校2年生の全国平均を上回りますし、卒園時には簡単な英語劇も演じてみせてくれます。

子どもは自ら学び、たくさんの曲を演奏できるようになる

できるのは、一部の優秀な子どもだけではありません。私の保育園に通う子どもたち、全員がこういった成果を見せてくれます。

しかし私は子どもに何も教えていません。

勝手に子どもたちが覚えて、できるようになったのです。

私は「よし！」と成果を認めてあげながら、見ていただけなのです。だから私は、特別にすごいことをやったとは思っていないのです。

もちろん、にわかには信じられない人もいるでしょう。なかには

「スパルタ式で詰め込んだからだ」と疑う方もいると思います。

ただ、それも無理はありません。というのも、私自身、子どもが自然に成長を遂げることに気づくまでには、かなりの時間がかかったのですから——。

試行錯誤しながら始めた保育園経営

私は、保育園の経営を始める前、自衛隊にいました。しかし、妻の両親が亡くなったときに辞めて、その両親が営んでいた雑貨店を継ぐことにしました。ただ、大型店舗の出店が続き、このままでは経営が難しいと商売替えを決意したのですが、こんな鹿児島の田舎では必要な情報がなかなか手に入らない。

どんな商売がいいのか全然わからないのです。

そこで異業種情報を手に入れるために、青年会議所を立ち上げたのですが、このときスポンサーになってくれたある方との出会いが、私の人生を決めました。

その人はいつもゴルフの話をして、高そうなスーツを着ていました。とてもうらやましいと思いました。そこでどんな仕事をしているのかと聞くと「保育園の理事長」だと言う。私は単純ですから、「よし、これがいい！」と保育園の経営を始めたのです。

自分でも思いますが、始めた動機は実に不純です(笑)。

でも、園をやっていくうちに、やはり子どもを成長させてあげたいと思うし、やりたいこともでてきます。

そこで、私もいろんなトライをしました。

実際に指導する先生にも、あれこれ注文を出したものです。ただ、それらはあまり成果を出さないばかりか、口うるさい私は保育園のなかでどんどん嫌われるようになってしまいました。

「蛙の子は蛙」という現実

また「蛙の子は蛙」という現実も、いつまで経っても越えられなかった。

普通に教育をしていると、どうしても「できる子はできる。できない子はできない」となっていきます。子どもは直近のDNAの影響を受けやすいので、「医者の子どもは記憶力がいい。暴力的な親の子どもは、すぐに手を出す」といった傾向がどうしても強くなる。

つまり当時の私の保育園では、子どもたちの素質のままに成長していました。私たちは、子どもを預かっているだけで、何ひとつ子どもたちの人生に貢献していなかったのです。でも、これが長い間の現実でした。

私は、悩みました。ただ、難しいことを考えても私にはわかりませんから、子どもたちに聞いてみることにしました。

毎朝かけっこをして競争するのが大好き

もちろん言葉にして聞いても答えはでないでしょうから、子どもたちの顔をよく見ることにしました。つまり、子どもたちが楽しそうなことをしよう。子どもたちが生き生きとした顔を見せることだけをやろうと決めたのです。

するど、いろんなことがわかってきました。

子どもたちは、走ることが大好きです。毎朝「パーン」とピストルの音が鳴るとみんな楽しそうにグラウンドを走り回ります。しかし、子どもたちは走ることが純粋に好きなわけではありません。

その証拠に「ひとりで家まで走って帰れ！」と言われて、うれしそうに走って帰る子などいません。子どもたちは、「走って競争すること」が好きなのです。競争して勝つことが、好きなのです。先生に命令されて走ることなど、嫌いなのです。

このように「やることは同じ」でも、子どもたちにとって楽しくやれる環境や状況があることがわかってきました。

よく「顔に書いてある」と言いますが、子どもたちの顔を見ているとこういうことがわかってくるのです。

24年目に気づいた「自学自習」

自分からやるのは好きだけど、言われてやらされるのは嫌い。

これも子どもたちを見ていてわかったことです。

多くの人が、子どもは勉強が嫌いだと思っているでしょう。でも、それは大きな間違いです。子どもたちは、強制的にやらされるのが嫌いなのです。親や先生が「勉強をしなさい！」と強制させるから勉強を嫌いになるのであって、強制がなければ勉強を嫌いになることはありません。それどころか、子どもたちは生まれながらに勉強が大好きです。

子どもが3歳くらいになると、いろんなことを「やらせて！　やらせて！」とせがむようになると思います。お父さんがペンをもっていれば「僕にもやらせて」と奪い取って何かを書こうとする。お母さんが包丁を使って料理をしていれば「私もしたい」とお手伝いをしようとする。

これらはすべて学びたいという気持ちの表れ。つまり、学びたい、勉強したいというのは、すべての子どもが生まれながらにもっている本能なのです。

だから、どうか「子どもは勉強が嫌い」などという勘違いをしないでください。

そして、そのうちもっと大きなことに気づきました。

子どもたちは、「人に教えてもらったことは身につけないけれど、自分で学んだことは忘れない」ということです。

これは、改めて考えれば何も特別なことではありませんでした。自分の経験で学び取ったことをいつまでも忘れないという体験は、誰にでもひとつやふたつはあるでしょう。

誰もが実体験として知っていることなのです。私は、これに気づきました。

「人から教えてもらったことは身につかない。自分で学んだことだけが身についていく」

この信念を得た私は、「自学自習」という学習法にたどり着いたのです。

私がお金持ちの理事長に憧れて保育園を設立してから24年目のことでした。

それから私は先生にも、もちろん子どもたちにも口うるさく「こうしてくれ」などと言うことはなくなりました。勝手に子どもたちが学んで、勝手に成長してくれるのですから。

「自学自習」とは、文字通り自ら学び習得することです。その基本となるのは、

自分でやらせる。

自分で考えさせる。

自分で学ばせる。

子どもは生まれながらに勉強が好きですから、自分で学ばせればいいのです。そして自分で学んだことは、着実に身につけていきます。

これこそ、子どもたちにとって最高の指導スタイルだと、私は確信しています。

スイッチを入れてあげる

とはいえ、「うちの子は自ら勉強したいとは言わない」というご家庭のほうが多いはずです。ただその場合は、自学自習の力が完全に目覚めていな

いだけなのです。

自分で学び習得していく力というのは、潜在的にすべての子どもがもっていますが、その覚醒度には、個人差があります。

特別に何もしなくても、自学自習ができる子もいますが、そうじゃない子もいる。

このようにまだその才能を眠らせている子の場合、目覚めさせるためのスイッチを入れてあげる必要があります。

そのために必要なのが「読み」「書き」「計算」「体操」を組み合わせた反復練習なのです。

私の保育園で行なっている指導は、基本的には、この反復練習だけです。毎日、文字を書く練習と計算、そして読書と体操を20分間ずつ行なっています。この反復練習によって、「自ら学ぶ」ことが体に染みつき、自学自習のスイッチが入るのです。

こうして自学自習のスイッチが入った子どもたちは、その後も、自分で学ぶ子に育っていきます。そんな子どもたちは、たとえ学校の授業でわからないことがあっても、自分で調べて自分で学んでいくのです。

このスイッチは、子どもが幼いほど入りやすい性質があります。ですが、10歳までなら、まだこの自学自習のスイッチは入りやすいでしょう。ただ、お子さんが10歳を超えているという場合でも、あきらめることはありません。毎日くり返すことで、どの子も自学自習ができるようになります。あきらめてはいけません。

「失敗」こそ最良の先生

私がこの指導で大切にしていることは「教えない」ということです。

人間は、自ら学んだものだけを身につけることができます。特に10歳までの子どもには、与える知識など役に立ちません。だから、自分で学び、自分で考える「自学自習」が大切なのです。だから子どもに何か質問をされても、安易に答えてはいけません。

子どもに「なんで?」と問われたら「なんでや? 調べてみろ」と逆にこちらが問い返せばいいのです。そうして自分で調べたことは、子どもたちは忘れません。そして自分で頭を使えば使うだけ、頭はどんどんよくなるのです。

いいですか。子どもに勉強を教えてはいけません。

こうやって文章にすると、簡単なことに思えるでしょうが、今の親御さんにとって、教えないというのは、難しいことだと思います。子どもがテキストに向かって悩んでいると、すぐに先回りして答えを教えてしまう。辛抱できないのです。待てないのです。

今の親にはこういう人が多い。

運動でもそうです。たとえば自転車に乗ろうとしているときにでも、転びそうだとすぐに助ける。転ばせておけばいいのです。転んで痛い思いをすれば、どうすれば転ばないかを必死に自分で考える。

いいですか。子どもは失敗から学ぶのです。子どもにとって最良の先生は「失敗」なのです。

このことを忘れないでください。子どもに勉強を教えるということは、子どもたちが考える機会を奪い取っているのです。子どもが学ぶ機会を奪い取っているのです。

また子どもが失敗したからといって、叱責などしてはいけません。子どもたちが失敗することに萎縮してしまうと、何にも挑戦しない子どもになってしまいます。失敗するからこそ、子どもたちは成長するのです。

教えて育てる「教育」では、子どもは育ちません。自ら学んで育つ「学育」こそが、子どもを成長させるのです。このことを忘れないでください。

教えない先生がいちばん偉い

では、先生の仕事は何かと思う人もいるでしょう。

私の保育園では、自学自習を徹底していますから、教えない先生がいちばん偉い。先生は教えてはいけません。

では、何をするのかといえば、交通整理のような役回りでしょうか。

体操の時間でも、先生が手本を見せたりすることはありません。跳び箱で子どもたちがぶつからないように、ピッと笛を吹いて順番に跳ばせるだけです。

計算の時間でも、黒板に向かって問題の解き方を教えたりすることはありません。でき上がった解答の答え合わせをして正しかったらハナマルを描いて「合格！」と言ってあげる。これが主な仕事でしょうか。

子どもの遊びにも絶対に加わりません。

子どもたちは、先生がいると、つい甘えてきます。そして頼ってきます。

これでは子どもが成長しません。

子どもの遊びには、いろんな困難がつきものです。高いところに登ってしまい恐いということもあるでしょうし、オモチャの取り合いなどで友達ともめたりもするでしょう。でも、そういったことを子どもの力で解決することで、成長するのです。困難から逃げずに解決しようという気持ちが芽生えるのです。

子どもが転んでも助けません。

もちろん大きなケガがないように見守ってはいますが、大したことがないと思えば、目をそらして放っておきます。すると子どもはだいたい泣いているのが馬鹿らしくなって泣きやむものです。

泣くというのは、甘える対象がいるから生まれる行動です。泣く子どもを助けることは、その甘えを助長させるだけです。泣いている子どもに手を貸す先生は、私の保育園にはいないのです。でも心配いりません。子どもは、多くの大人が思っているよりも強いのです。

そして素晴らしい才能をもっているのです。

泣きながらも、いろんなことを学んでいます。失敗という最良の先生からいろいろ教えてもらっているのです。

だから、子どもたちが「つまずかないように」と教えてはいけません。

子どもを育てるためには、まず「勉強を教えない」ことから始めてください。

3章　教材に合わせるな

私たちは、子どもたちに文字を教えるときに「ヨコミネ式95音」を使っています。これは私が考案した、子どもたちにとって「書きやすい字」から順に並べた表です。

いわゆる五十音の順番で教えると、どうしても文字を書くのが嫌いな子がでてきます。なぜなら五十音の初めの「あ」という字は、曲線もあり子どもにとって難しい。こんな難しい文字から書かせては、いきなりつまずいてやる気をそぐことになってしまいます。

大切なのは子どもたちの「やる気」を引き出すこと

すべての科目についていえることですが、何よりも大切なのは子どもたちのやる気を引き出すことです。子どもがやる気になってくれれば、あとは勝手に学んでいく――つまり自学自習していくわけです。このために必要なのが、子どもたちが楽しく取り組めるものから始めることです。

改めて考えてみれば誰にでもわかることですが、何も「あいうえお」の順で文字を覚える必要などありません。子どもたちが書きやすいものから取り組んで「できた！」「もっとやってみたい！」という気持ちを引き出しながらやればいいのです。

私はそう考えて、子どもたちは何がいちばん書きやすいのか——と思いを巡らせましたが、おのずと答えはわかってきました。

まず、漢字の「一」。横に棒を引くだけですから、これがいちばん簡単です。一般的には、ひらがなのほうが簡単だと思われていますが、漢字の「一」がいちばん簡単。何が簡単なのかを考えるときにも、大人の固定観念から発想してはいけません。

子どもを見てください。答えはそこにあるのです。

こうして私が作った「ヨコミネ式95音」では、最初にでてくるのは「一」、そしてひらがなでは50番目に「へ」が初めにでてきて、「あ」は94番目にでてきます。

文字の練習を始めたばかりの子どもは、文字を習うというより、お絵かきの延長として取り組みます。だから、細かいことにはこだわらなくてけっこうです。留め、ハネといったことも気にせず、やりやすいことからどんどん取り組めばいいのです。

子どもが楽しく取り組めることがいちばん大切

このようにご説明すると、真面目な親御さんは、きちんと「ヨコミネ式95音」に沿って文字の練習を始めるのではないでしょうか。

ただ、これにもこだわってはいけません。「ヨコミネ式95音」というのは、私が作ったものです。私の考える書きやすい順番ですので、すべての子どもにとって書きやすいわけではありません。

五十音順に比べれば、格段に書きやすいでしょうが、なかにはもっとあとからでてくる字のほうが書きやすいという子どももいます。そのときは、

「ヨコミネ式」95音表

1	2	3	4	5	6	7	8	9	10	11	12	13	14
一	丨	十	ニ	エ	ノ	イ	テ	ナ	ハ	フ	ラ	ヲ	リ
15	16	17	18	19	20	21	22	23	24	25	26	27	28
サ	ヘ	ト	コ	ヨ	レ	ル	ホ	オ	カ	メ	ワ	ウ	ス
29	30	31	32	33	34	35	36	37	38	39	40	41	42
ユ	ロ	ミ	ク	タ	ヌ	マ	ア	ヤ	セ	ヒ	モ	ケ	ム
43	44	45	46	47	48	49	50	51	52	53	54	55	56
キ	チ	ネ	ソ	ン	シ	ツ	へ	り	く	つ	し	い	こ
57	58	59	60	61	62	63	64	65	66	67	68	69	70
に	た	け	も	う	て	と	ち	ろ	る	ら	か	の	ひ
71	72	73	74	75	76	77	78	79	80	81	82	83	84
せ	さ	き	よ	ま	は	ほ	わ	れ	ね	め	ぬ	す	み
85	86	87	88	89	90	91	92	93	94	95			
や	そ	な	お	ゆ	を	ふ	え	ん	あ	む			

決して私の「ヨコミネ式95音」に合わせないでください。
決して教材に合わせてはいけません。
子どもに合わせることがいちばん大切なのです。

今、世の中には優れた教材がたくさんあります。計算なら、「くもん式」もそうですし、「百ます計算」なども優れたものです。
ただ、どんな優れた教材であっても、すべての子どもにとって相性がよいとは限りません。それは当たり前の話です。子どもの個性というのは、大人が考えるよりも多様で複雑です。

世間で評価の高い教材であっても、無理に教材に合わせてはいけません。ノートなどにも合わせないでください。

書き取りノートなどは、整然とマス目がふってあります。大人としては、まず縦のマス目を順番に埋めたい気持ちになるでしょうが、そんなことにこだわる必要はありません。子どもが、ひとつ文字を書いただけで次の行にいってしまってもいいのです。いちばん上のマスだけ埋めてどんどん先に進むのならば、それでかまいません。そういう子は、ひと通り上の段を埋め終わると、また最初に戻って次の段を書いたりするものです。

字を書く練習をしているのですから、好きな場所に書けばいいのです。ノートに合わせることを強要して、子どものやる気をなくさせることほど馬鹿らしいことはありません。

教材やノートに沿ってやることが目的ではありません。子どもが楽しく取り組めることがいちばん大切であるということを忘れないようにしてください。

壁を自ら越えたいと思ったときこそ基礎を教えるチャンス

「何事も基礎が大切」と思っている人も多いと思います。

しかし、これも大人の都合です。

以前、私の保育園では、子どもたちに音楽を楽しんでもらおうと、音楽の経験が豊富な先生に指導してもらったことがありました。

その先生は熱心な方でしたが、ピアニカを教えるにしても、まず指の使い方から指導しているのです。

子どもたちは、がんばってやろうとしていましたが、ちっとも楽しそうにしていません。私は、子どもたちに音楽を楽しんでもらいたかったのに、どうもやり方を間違えていると反省しました。

それで、とにかく「楽しむ」ことを優先しました。子どもたちが好きなアニメの曲などを、ピアニカでまねしてもらうことから始めたのです。もちろん指使いなどは、無茶苦茶です。

ただ基礎など気にせずとにかく音を出させるようにしたところ、子どもたちには、楽しそうな笑顔が戻ってきました。

子どもたちは楽しいと、どんどん上達するものですが、この場合も同じでした。ピアニカを弾くことが楽しいので、どんどん上手になる。ただ基礎を学んでいないので、ある一定以上は、上手になりません。すると子どもたちは自分で聞きにくるのです。

「ねえ。うまく弾けないんだけれど、どうすればいいの？」

自らぶつかった壁を越えたいと思ったときの子どもたちは、どんどん吸収していきます。このときこそ基礎を教えるチャンスです。

今までだったら楽しいと思えなかった指使いの練習も、自分でうまくなりたいと思ったのですから、喜んで取り組み、身につけていきます。

このように、子どもが嫌がる基礎というのは、子どもたちが「もっとうまくなりたい」と思ったときに教えればいいのです。まず大切なのは、楽しむこと。うまくなりたいという気持ちは、楽しむうちに必ず芽生えてきます。そのタイミングに合わせて基礎に取り組めばいいのです。

基礎から始めるべきというのは、大人の勝手な解釈であるということを忘れないでください。

学校のカリキュラムに従うな

学校のカリキュラムなども、信じる必要はありません。

今、学校のカリキュラムによると、「九九」は小学校の2年生で習うことになっています。しかし、その根拠はどこにあるのでしょうか。

私の保育園では、「九九」のCDを子どもたちに聞かせていますが、これを覚えるのは、5歳や4歳のクラスよりも、3歳や2歳のクラスのほうが早いようです。単純に耳で聴いて覚えることなら、幼い子たちのほうが優れている。

ですから、何も「九九」を覚えるのを、2年生になるまで待つ必要などありません。無理をして覚えさせる必要はありませんが、カリキュラムだからと従う必要もないのです。

中学生になって習うことだから――。こう思って、子どもたちの学びたいという気持ちをストップさせることもありません。

かつてこんなことがありました。

ある夏休みの初めに、小学5年生の子どもたちが「先生、英語を勉強したい」と言ってきました。ただ保育園には英語の先生がいませんでしたから、とっさに「英語くらい自分で学びなさい」と言ったのです。

それで、中学校の予習のつもりで中学1年生の英語の教科書と、電子辞書を10台購入して子どもたちに与えました。小学生が中学生の教科書に取り組むのですから、できなくて当たり前。そんな気持ちで見守っていたところ、夏休みの終わりごろにその5年生たちが「先生、終わったよ」と言いにきたのです。

「まさか」と思いました。小学生が「自学自習」で中学生の教科書をやり終えるとは思ってもみません。しかし、教科書はすらすら読みますし、問題集から出題しても、きちんと答えられるのです。

子どもの力はこれほどすごいのです。この小学5年生たちの学習ぶりを見て、改めて「教えて育てる『教育』では育たない。自ら学ぶ『学育』が子どもを育てる」という哲学の大切さを思い知りました。

子どもは無限の可能性を秘めています。それをカリキュラムといった、大人の都合で作ったもので、ふたをしてはいけないのです。

幼児期の英語は「ヒアリング」だけ

英語の話がでたので、幼児期の英語教育について書いておきます。

私は、幼児期の英語は、ヒアリングだけでいいのではないかと思っています。

「英語」に限らず語学の学習は「耳」が何より大切です。その能力がいちばん高いのが、子どもの時期。このとき語学に親しめば、より耳が育つといわれています。

ですから耳で英語に親しむようにしてください。やり方は簡単。毎日20分でいいですから、英語のＣＤを聴かせてください。英語の映画やアニメのＤＶＤでもかまいません。

もちろん意味などわからなくていいのです。こうやって英語に接しているだけで、耳が英語に慣れて、自然と脳が英語に対応するようになるのです。留学して英語だけの生活になったら、知らない間に英語が身についた――という話をよく聞きますが、これも耳が英語に慣れたからでしょう。

意味などわからなくていい。とにかく歌を聴いて元気に歌う。

こうして英語に接していると、「どういう意味なの？」と子どもから質問してくることがあります。この、子どもが「知りたい！」と感じたときが、学ぶのにもっとも適した時期です。そのときがきたら意味を調べて教えてあげてください。

幼少期にとっていちばん大切なのは、自ら学び考えるための国語力です。まだ国語力が完全に身についていない子どもに、英語を押しつけてはいけません。あくまで耳を慣らさせるためにヒアリングを中心に行ない、子どもたちが「知りたい」と意欲をもって質問してきたら答えてあげる。英語の幼児教育には熱を上げすぎることなく、これくらいのスタンスがいちばん適していると考えます。

4章　子育ての目的を見誤るな

子育てをする親にとって、目的をもつのは大切なことです。

今、自問していただきたいのですが、あなたはどんな子どもに育てたいのでしょう。

勉強のできる子どもですか？

スポーツのできる子どもですか？

優しい子どもですか？

人に迷惑をかけなければいいなんていう人もいるかもしれませんね。こんなふうに考えてみると、どんな子どもに育てたいのかは千差万別で答えはないと思う人もいることでしょう。

しかし、それは違います。

すべての子どもが、明確に目指すべき人間像というのはあるのです。

それは、自立した子どもです。

馬や牛といった動物は、親から教えられなくても、ひとりで立つことができます。まさに「自立」することが本能の中に組み込まれているのです。

しかし、人間はそうはいきません。

人間だけが、親から育ててもらわないと、自立することができないのです。

誤った育て方をすると、人間はひとりで考えて行動することができなくなります。今、引きこもりなどの社会問題が注目されていますが、こういった原因もすべて「自立」させられなかった子育てに問題があると思います。

人間は、子育てによって自立する。

まず、これを認識してください。そして、子育ての目的は、まさにこの自立した子どもを育てることに尽きると思います。

自立した人間に育ちさえすれば、必要なことは本人が勝手にやっていきます。子どもが自分で目標を見つけて、そこに向かって努力していくのです。

そのために必要なのは、絶対に「自立」することなのです。

運動会のために走るのは変だ

自立できる子どもに育てよう。

これを明確な目的として据えれば、おのずと「やるべきこと」というのは見えてきます。自ら学び、身につけていくという「自学自習」というのも、この自立のために適した指導法ということが、よくわかってもらえると思います。

しかし、人間というのは、往々にして目的と手段を履き違えるのです。

たとえば、多くの小学校や幼稚園、保育園では運動会の前になると、徒競走の練習をします。

このことを、変だなと思ってください。

というのは、何のために子どもたちは走るのでしょうか。これは明確に「運動能力を高めるため」です。決して、運動会というイベントのために走るのではありません。

私は、保育園経営を始めて、すぐに運動会のために走るのは変だと思いました。だから子どもたちには、毎日、登園すると走らせるようにしています。

子どもたちにとって走るということは、運動能力を高めるうえでいちばんの基礎となるものです。また、走ることで姿勢もよくなりますし、生活全般によい影響を与えてくれるのです。

私の保育園では、登園後の徒競走が終わったら「読み」「書き」「計算」といった自学自習の時間になりますが、このとき子どもたちは私語をしたりすることなく集中して励みます。これも、朝一番に走ったことと無関係ではないと思います。

また、私は、速い子どもにはハンデを与えるなどして、常に競争が生まれる環境を意識しながら走らせています。だから、子どもたちは「勝った！」

「負けた」と言いながら楽しそうに毎日走っています。

その成果は、明確に数字になってでてきます。私の保育園における年長組の50メートル走のタイムは、小学校2年生の全国平均を上回るものです。

走ることの目的を履き違えずに日々実践していけば、これだけの成果を出せるのです。

「何のために子育てをしているのだろう」と自問してください

お母さんも、子育ての目的を見誤りがちです。

私は、子どもたちによくガムをあげます。

私は、気が向いたときに子どもたちの様子を見にいっているのですが、そのときにガムをよく使うのです。

「跳び箱、10段跳べたらガム1個！」

「片手側転できたらガム！」

「レスリングで勝てたらガムをやろう！」

こんな具合に、ごほうびとしてガムをあげると言うと、子どもたちは普段よりがんばってくれます。ガム1個で、これだけやる気がでるのだから安いものだと、私はいつもポケットにガムを入れて歩いているのです。

ジュースもよく使います。子どもたち一人ひとりを見ていると、どんな壁にぶつかっているのかがわかってきます。

逆立ちができない。

走るのが遅い。

計算が苦手。

こういった子どもたちにとって大きな壁を乗り越えたときには、特別のごほうびとしてジュースをあげるのです。それもただあげるのではありません。

「よし！　よくできた。お金やるから、ジュース買ってこい！」

このように小銭を渡します。私の保育園には、こういうときのために私が自分で置いたジュースの自動販売機があります。小銭をもらった子どもは、そこに駆けていってジュースを買ってきて、うれしそうにみんなの前でそれを飲みます。

子どもというのは、こういう特別な感じがうれしいのです。

認めてもらってガムをもらえた。やっと逆立ちができたら理事長先生がジュースをくれた。こういうごほうびがうれしいのです。

私が歩いていると、子どもたちが「ガムちょうだい！　ガムちょうだい！」とやってきますが、そういうときは「ガムはやらん！」とあげません。彼らのやる気を引き出すためのごほうびなのですから、安売りしては意味がありません。

子どもたちにとって大切な「やる気」。それがガムやジュースで引き出せるならば、安いものではないですか。

ただ、こんな話をすると「子どもが虫歯になったら困る」と思うお母さんもいるのです。

そんな人に、私はこう言いたい。

いいですか。子どもを何のために育てているのでしょうか。お母さんが、ずっと守り続けてきれいなまま成長させることではないでしょう。ガムを食べてたとえ虫歯になっても、それで子どもがたくましく成長してくれればいいじゃないですか。自立できる子どもと、虫歯にならない子ども。どちらがいいですか――。

もちろん虫歯になるより、ならないほうがいいに決まっています。そのためには、お菓子も控えて、歯磨きもきちんとするべきです。そんなことは当たり前です。

しかし、子育ての目的はそこにあるのではありません。

ケンカもしないほうがいいし、ケガもしないほうがいい。

それはそのとおりですが、そういったことから親がわが子を過剰に守ろうとすることで、子どもはどんどん自立から遠ざかってしまいます。

多くの親御さんが「ゲームをしてはダメ」と言います。でも、私はせっかく買ったのであるならば、ゲームも使いようだと思っています。「庭の掃除をしたらゲームしていいよ」。こんな一言で子どものやる気を引き出せるのならば、安いものではないですか。

子育てに迷ったときは、ぜひ「何のために子育てをしているのだろう」と自問してください。そして「自立させるため」という答えを思い出してください。

この答えがあれば、きっと子育てに迷うことが少なくなると思います。

親は「木」の上に「立」って「見」る

親は子どもが生きていくであろう未来を見据えて育児をする必要があります。

「親」という漢字を改めてじっくりと見てください。

するとこの漢字が「木」の上に「立」って「見」ると書かれていることがわか

ると思います。

このように親というのは、木の上に立って見るかのように、遠く、そして未来を見通すことができる存在なのです。これに対して子どもというのは、目先のことにしか目がいきません。

ですから、子どもに対して未来を見据えたうえで、的確なアドバイスを送りながら子育てするのが親ということになります。

「この子が成人するときに、この世の中はどうなっているのだろう。そのときに、どんな能力を身につけていれば幸せになれるだろうか。社会にでて活躍するには、どういった力が必要とされるであろうか」

こういったことを考えて子育てするのが親の役目なのです。

今の保育園や幼稚園には「子どもといっしょに遊ぶのが楽しいので保育士になりました」という人がいますが「子守」であれば、小学生でもできます。それどころか、小学生のほうが子どもの気持ちがわかって上手なくらいです。

親は「子守」しかできない人に「育児」を任せっきりではいけません。きちんと未来を見据えたうえでの「育児」は、親がしっかりと行なわなければいけないのです。

「天命」をまっとうさせよう

私は、この世に生まれたものすべてに、「天命」があると信じています。何のために生まれてきたのか。この世で何を為すべきなのか。どんな生物もその答えをもってこの世に生を受けているのです。

畑にいる小さなミミズも天命を授かっています。ミミズは、土の中で微生物を食べて糞をすることで、土壌を豊かにします。そして動き回ることで、土中の空気の量を増やしているのです。

このミミズの生命活動によって、畑は豊かな実りを成すことができるのです。まさにミミズの天命とは、ここにあるでしょう。

ミミズは、こういったことを誰に教えられるわけでもなく、行ないます。

生まれながらに天命をまっとうするようインプットされているのです。

しかし人間は、こうはいきません。

地球上の生命で、個々の天命が異なり、その天命を知るためにきちんとした教育を必要とするのは人間だけなのです。誰もが天命を授かっているはずなのに、何をすればいいのかわからないと自暴自棄になる子も少なくありません。あるはずの天命に気づけない不幸が蔓延しているのが、この今の社会なのです。

いい学校、いい会社に入ることが天命だとは思えません。誰もが天命たる自分の適職を見つけて、社会に貢献することが大切なのです。

しっかりと子育てをして、天が子どもたちに与えた役割を引き出してあげれば、落ちこぼれる子など、ひとりもいないはずなのです。

そのために必要なのは、幼児期の教育です。最初のところで間違えてしまうと、なかなか軌道修正できないのです。

すべての子どもに天命がある。そしてその天命をまっとうするために大切な幼児教育の重要性を改めて認識していただきたいと思うのです。

子育ては「シンプル」であるべき

子育ての目的は「自立させること」。

そして親が子どもの未来をしっかりと見据えること。

授かった「天命」をまっとうさせること。

考えてみれば、どれもそれほど突飛なことでもないでしょう。シンプルな答えだと思います。私は、子育てはシンプルであるべきだと考えます。自学自習を身につけるため「読み」「書き」「計算」「運動」を20分ずつ、くり返すというのも、実に単純なことです。

子育ては、シンプルな考えのもと、シンプルなことをくり返すのが大切です。親が複雑で難しいことを考えても、そんなものは子どもたちには伝わりません。

子育ては、シンプルであるべきなのです。

5章　男と女をいっしょにするな

改めて言うまでもなく「男女は平等」です。

しかし「男女は同質ではない」と、言っておきたいと思うのです。

男と女は等しい権利を有していますが、だからといって男と女をまったく同じものと考えてしまうのは、おかしいでしょう。

男と女は生まれながらに違うものです。

体だけでなく、心も違います。

だから、私の保育園では、男と女は違うものとして、指導しています。

男の子は本能的にケンカすることを好む

私の保育園では、子どもたちにレスリングをさせています。ただしやるのは男の子だけ。

男の子というのは、本能的にケンカすることを好みます。だから、いくら口で言っても、すぐに誰かとケンカしてしまう。

そこでケンカしたいという欲求をどこかで発散させようと考えました。

最初は、相撲をさせたりもしましたが、どうしても体格差がでてしまうし、ケガをする可能性も高い。

その点、レスリングは安全で、簡単な基礎だけ教えれば取り組めるので、自由に勝負をさせています。

このレスリングを取り入れてから、保育園では驚くほどケンカをする子どもが減りました。男の子が本能的にもっている「戦いたい」という欲求を上手に発散させられたのだと思います。

ただ、女の子は、レスリングなどしなくてもケンカはほとんどしません。また、男の子だけがレスリングをしていることに不満を漏らす子もいません。男の子が勝負しているときには「がんばれ！」と楽しそうに応援しています。

今、男と女には、まったく同じ教育をするのが当たり前になっているようですが、それが本当に合理的なのでしょうか。私には、とてもそうは思えません。

男の子には「体罰」も有効

私は、男の子を育てるには、体罰も有効だと考えています。

ただ、誤解してほしくないので初めに述べておきますが、いつでもどこでも体罰を加えろと言っているのでは決してありません。

子どもが、運動ができないとか、学習が遅れているといったことで、感情的になって体罰を加えてはいけません。

誰かに迷惑をかけたなど、人としてやってはいけないことをしたときに、それがいけないことだと身をもって知らしめるためだけに行なってください。

叩くのは強く1回。太ももやお尻だけです。何度も執拗にぶったり、頭を叩くことは絶対にしてはいけません。

この体罰が有効なのは、3歳から10歳くらいまでの男の子だと思います。10歳を超えてくると、体罰が反抗になって返ってきますし、もう言葉で十分理解させられる年齢ですから、きちんと話して諭したほうが効果も高いと思います。

また女の子には、体罰はあまり効果がないようです。

女の子は、総じて痛みに強いように思います。将来、子どもを産むためにそういった体になっているのでしょうか。

予防接種のときも注射針を見ただけで痛そうな顔をするのは、だいたい男の子。女の子は、みんなわりと平気そうな顔をしています。

そして女の子は、素晴らしい「母性」をもっています。この「母性」があるため、体罰などで知らしめなくても、生まれながらに芯が強く理解力に優れています。だから女の子は、育てやすいのです。

一方、男の子は「宇宙人」です。よくお母さん方から「男の子がよくわからない」と相談されますが、私は「男の子は宇宙人だと思ってください」と答えます。

現実と物語の区別がつかない。すぐに夢中になって周りが見えなくなる。常に落ち着きがない。気が短く、暴力的な要素をもっている。これが男の子です。

だから決して甘やかしてはいけません。溺愛してはいけません。

男の子を溺愛すると、思春期になっても大人になりきれないわがままな子どもに育つ可能性が高いのです。ある教育関係者の方は「過保護の中で育った子どもは、生涯、地獄の中で生きていく」とも言っておられます。

男の子には、突き放すくらいがちょうどいいのです。そして決して甘やかせることなく、体罰を辞さないくらいの気持ちで接してください。

「30センチのモノサシ」を飾っておく

この体罰にもちょっとしたコツがあります。おすすめするのは、30センチくらいのモノサシを使うことです。これで太ももあたりをピシッと叩くと、赤いミミズ腫れができますが、しばらくするとなくなります。瞬間的には痛いのですが、芯にも響きませんので、効果的です。

そしてこのモノサシは、目立つところに飾っておけばいいでしょう。

「悪いことをすると、あのモノサシで叩かれる」

こう思わせておけば、子どもというのは、そうたびたび悪さをしないものです。体罰も何度もやると効果がありません。ここぞというときにやるべきです。ただやるときには、真剣な気持ちでやる。そうすれば、子どもにもその真剣さが伝わるのです。

また、体罰を与えた子どもが泣いているときは、その場から早く立ち去ることが大切です。

泣いている子どもの側にいつまでもいて「ママが怒ったのはね……」などと、説明しなくてけっこうです。すぐにその場を立ち去って泣かせておけばいいのです。すると、子どもは涙しながら「なぜ叩かれたのか」を懸命に考えます。このように自分の頭で考え、そして思い至ったことを、子どもたちは忘れません。

くどくど説明しなくていいのです。

また、「どうしてダメなの？」などと尋ねてきたとき、その問いかけが本質的なものの場合、答えなど必要ありません。

「弱いものいじめはダメ」ということに対して、子どもにもわかるように答えることは、実はとても難しいことです。それよりも「人として、してはいけないことがある。理由などない。ダメなものはダメ！」ときちんと言い渡せばいいのです。

古くさかのぼれば、会津藩には、藩士の師弟を教育するための「什《じゅう》」という組織がありましたが、ここの教えに「ならぬことはならぬものです」というのがあるそうです。

この考えでいいのです。

「ダメなものはダメ」

くどくど説明せずに、こう言い聞かせてください。

子育ては本能に沿って行なうのがいちばん自然

私の保育園では、夏になると宿泊と炊事施設のある「太陽の子山学校演習場」へとでかけます。ここで子どもたちはお泊まりをしてキャンプ体験をするのですが、このときも男女の仕事は異なります。


男の子は、川にいって魚を釣るのが仕事。

女の子は、畑にいって野菜を採って料理をするのが仕事。

男の子も女の子も、目を輝かせて仕事をします。

どちらの仕事が偉いという差はもちろんありません。私が、男女の本能に応じて仕事を分担しているにすぎません。


「男女平等」という言葉が独り歩きしすぎて、男女を同質と考えるのは間違っていると思います。男にも女にも本能があります。

男の子は、とっくみあいが好き。『ウルトラマン』のような怪獣をやっつける話も大好きですが、これも本能ゆえのことだと思います。

女の子は、お手伝いが好き。お母さんのまねをするのが大好き。これもやはり動かしがたい本能です。

子育ては、本能に沿って行なうのがいちばん自然です。教育理論などというものに沿って、その本能と異なることを押しつけても、よいことなどありません。

まねをしたいのも本能

本能に沿って指導するというのは、私がいつも心がけていることのひとつです。

子どもが本来もっている資質、好みといったものをしっかりと把握して利用すれば、子どもたちはどんどん伸びていきます。

まねをしたいというのも、子どもの本能のひとつです。

赤ちゃんは、誰にも教わらずに歩いたりしゃべったりしますが、これも大人のまねをしているからでしょう。

このまねる能力というのは、子どもが幼いほど高いように思います。

すべての子どもが生まれながらに備えているこの「まねる力」を上手に使うと、子どもたちはどんどん伸びていきます。

たとえば、体操のブリッジを習得させたい場合。先生がいくらやり方を指導しても、なかなか覚えてはくれません。でも、その子どもたちの集団に、ブリッジが得意な子どもを混ぜて実際にやらせてみれば、みんなまねを始めて、ほどなく全員ができるようになります。

見てまねすることで跳び箱だって上手に跳べる

　逆立ちもそうですし、跳び箱もそうです。

　教えようとしても、子どもはできません。でも、友達がやっているのを見せてあげると、まねしたいという本能が働いて、できるようになるのです。

　子どもたちには、理屈や基礎を教えるよりも、とにかくまねをさせてみる。楽しく上手にやっている子のようになりたいと思わせれば、もうできるまでわずかです。

　この「まねをしたい」というのも本能です。

子育ては、あらゆる面で、本能に沿って行なうのが、子どもにとっても、大人にとっても効率的なのです。

ごはんを食べないのは、「おなかが減っていないから」

本能とは少し意味合いが異なってきますが、自然の摂理を考えればおのずと答えがでてくる問題というのも、少なからずあります。

たとえば「子どもがごはんを食べない」という悩みです。

これはとても多くのお母さんから質問されますが、答えは簡単です。

「ごはんを食べないのは、おなかが減っていないから」

おなかが減れば、子どもは何でもよく食べます。

私の保育園の昼食は、常駐の管理栄養士が献立を考えて、給食室で作っています。主食は各自がもってくるという園もありますが、ちゃんとごはんも炊いています。いつも炊きたてですから、とてもおいしい給食です。

これは自慢できると思っています。

給食がおいしいというのも大きな理由でしょうが、私の保育園では子どもが給食を残すことなどありません。

食べられずに教室で泣いている子どもなど、まったくいないのです。朝から体を動かして、自学自習にも集中していますから、おなかがペコペコなのです。給食のときには、あまり話したりもせず夢中で食べています。だから、食べるのも速いものです。

このようにおなかが減ればごはんを食べるのは、当たり前の話。ですから、食べないのはおなかが減っていないのですから、理由を考えてみてください。


おおよそ、その理由は不規則な生活にあると思います。やはり夜更かしをしていてはいけません。早寝早起きを徹底させること。これが大事。また運動も大切です。しっかり体を動かせば、おなかも減りますし、夜も早くに寝るようになります。このように生活全般を見直せば、「ごはんを食べない」といった問題はすぐに解決すると思います。

「がんばって食べなさい」などと励ましながら、長い間、食卓に向かっているのもいけません。無理やり食べさせては、ごはんが嫌いになります。それよりも「時計の針がいちばん上まできたらごちそうさまね」と、最初から時間を決めて、きっちりと食事を終わらせることです。食べ足りなかったら、次の食事でおなかも減りますし、「食べない」という問題も徐々に解決できるでしょう。

「なぜ食べてくれないのか？」

こういった人間の体の本質にかかわる問題は、深く答えを考えないことです。答えは、常にシンプルなのです。

6章　子どもをほめるな

今の親御さんは、子どもをほめすぎだと思います。

はっきり言って、ほめすぎることは、子どもにとって悪影響です。

なぜなら、ほめてばかりいると、子どもたちにはそれが当たり前になって「がんばろう」というモチベーションアップにつながらなくなるからです。

また、ほめられてばかりいると、子どもたちは親を甘く見るようになります。そして、大切な自分の能力まで甘く見てしまいます。

本当は今以上に伸びるはずの能力をもっているのに、ちょっとのことでほめられるから「これくらいでいいや」と満足してしまうのです。

これでは子どもは、いつまでたっても成長できません。

「ほめる」のではなく「認める」

では、何が必要なのかといえば、認めることです。

「認める」と「ほめる」というのは、似ているようでまったく違います。

具体的に説明してみましょう。

たとえば、できなかった跳び箱6段をクリアしたとき、子どもに対して「すごいね。がんばったね」と言うだけなのが、ほめるということです。これだと子どもは、この現状で満足してしまいます。

一方、認めるとは「よし！　よく跳べたな。次は7段だ。どうやったら跳べるか考えてみろ」といった具合に声をかけることです。

大切なのは、できたことをきちんと確認してあげること。

これだけで、子どもはとてもうれしそうな顔をします。子どもにこびるようにほめなくても、子どもは十分に満足するのです。そのうえで、もっとできるだろうと促してあげる。

こうすれば、子どもはどんどん伸びていきます。

「ほめる」のではなく「認める」ことが大切。これを忘れないでください。

親の愛情が不足するのではと心配する向きもあるようですが、そんなことは決してありません。

できたところにマルをつけ、認めてあげれば子どもはもっとがんばれる

普通に接しているだけで、子どもは十分に親の愛情を感じています。親が溺愛することほど、子どもに悪影響なことはないのです。

子どもたちを体験旅行などに連れていった帰りにお小遣いを渡すと、溺愛されている子どもは自分のものを買います。しかし普通に接している子どもは、まず家族のものを買うものです。

子ども、特に男の子は、突き放すくらいでちょうどいいのです。過保護にしていいことなど、何もありません。

子どもは早く大人になりたい

ほめすぎる親御さんによく見られる傾向が、いつまでも子ども扱いするということですが、こんなことは子ども自身も望んではいません。

子どもは、いつまでも子ども扱いされるのを嫌います。
子どもは、早く大人になりたいのです。これを認識してください。

私は、基本的に男の子のことを「ちゃん」づけでは呼ばず、名前を呼び捨てにします。なぜなら子どもたちが、子ども扱いされていないと感じて喜ぶからです。実際、家で「大ちゃん」と呼ばれていた男の子は、ご両親に向かって「これからは理事長先生のように名前で呼んで」と頼んだそうです。

子どもは大人になりたいのです。

ぜひ、子ども扱いせず、一人前として認めてあげてください。この第一歩としておすすめしたいのが、お手伝いをさせることです。

ちなみに、私は「お手伝い」という言葉が好きではありません。隣の家の前を掃除するのは「お手伝い」ですが、家の仕事をするのは当たり前なのですから「手伝う」という表現は適切ではないように思います。ただ、わかりやすいように「お手伝い」と書きますが、当然やるべき家の仕事なのです。

家の仕事をするということは、立派な家族の一員になった証です。ぜひ、早い段階から簡単なことでけっこうですから、仕事を与えて一人前として扱ってあげてください。

3歳や4歳といった時期に家の仕事をさせると、イライラすることもあると思います。なかなか上手にできないから、「私がやったほうが早い」と思うことは多々あるでしょう。

ただ、そこは我慢してください。

掃除でも片づけでも、失敗すると「どうやったらもっと上手にできるのだろう」と子どもたちは考えるのです。失敗は子どもたちの良き先生という言葉を思い出してください。

3歳をすぎたら「お昼寝はやめる」

いつまでも子ども扱いするのは、家庭だけではありません。保育園も、そのほとんどがいつまでも子ども扱いしています。

今、「小1プロブレム」という言葉があるそうです。

小学校に入ったときに、集団活動に馴染めなかったり、学校のルールが理解できないため授業中にも立って歩き回ったり騒いだりする子が多い現象をこう呼ぶそうです。

ただ、私にしてみれば、単にいつまでも子ども扱いして、座るという習慣づけをしなかっただけだと思います。

私の保育園の子どもたちは、2歳のクラスでも、みんなきちんとイスに座っています。これは何も特別なことではありません。

食事のときはもちろん、あいさつや絵本を読むときなどに座る癖をつけていけば、誰でもこうなります。必要なことは、早い段階からイスと机を与えて座る習慣をつけることだけ。赤ちゃんだからと思って、必要なものを与えていないから、いつまでも座れないだけなのです。

ちなみに私の保育園では、背もたれのないパイプ製の丸イスを使っています。背もたれのあるイスは、もたれることで姿勢が悪くなり子どもの甘え心を引き出してしまいます。できるだけ、子どもに与えるイスは、背もたれのないものにしてください。

3歳をすぎた子どもに対する「お昼寝」というのも、いつまでも赤ちゃん扱いしている保育園の悪い習慣だと思います。

子どもは3歳になったらお昼寝をやめるべきです。

お昼寝をしていると、夜遅くになっても眠くならず、もっとも大切な「早寝早起き」の習慣が身につけられません。

早寝早起きをして、朝食をしっかりとることは、学力を高めるうえで欠かせない習慣です。

早起きをさせるために、まず早く寝ることが大切ですが、そのためにはお昼寝をやめることが必須です。

お昼寝はやめて、夜の8時には寝るようにしてください。8時に寝れば、だいたい朝の6時ごろには、おなかが減って自然に目が覚めます。この体内時計のリズムを壊さないよう、生活ルールを設定することが大切です。

生活ルールは幼いときほど身につきやすいものです。3歳になったらお昼寝をやめて、早寝早起きの習慣を身につけさせることを徹底してください。

もし、夜の8時にごはんやお風呂をすませていない場合でも、とにかく寝かせてください。ごはんもお風呂もパスしてかまいません。それよりも睡眠時間をしっかりと確保することが大切です。

これは小学生でも同じことで、何をおいても夜は8時には寝かせてください。

いつまでも「読み聞かせ」をしない

本の読み聞かせというのも、早いうちにやめるべきです。

実は、私も子どもに本好きになってもらいたいと、一時期まで、がんばって読み聞かせをしていました。しかし､子どもは一向に本好きになりません。

私は、成果がでないことはすぐにやめることにしていますので、読み聞かせから子どもたちが自分の力で本を読むという、今のやり方に変えました。すると、子どもたちはどんどん本を好きになっていったのです。

「読書ノート」を作って、読めた本を記録してあげる。好きな本から読ませていく。これだけの工夫で、子どもたちはどんどん本が好きになります。「ごはんの時間になっても本を読んでいて困る」。「歯医者に行ったら真っ先に本のあるところに駆け寄っていく」。こんな話を、何度となく聞くようになったのです。

子どもはもともと物語の世界が大好きです。自分で本が読めるようになったら、自分からどんどん本を読むものです。それを親がよかれと思って本を読んであげると、子どもには「受身」の姿勢が染みついてしまいます。するとどうなるか。

ある5歳になった子どもは、文字を与えようとすると拒否するようになったといいます。文字を受けつけずに、「読んでほしい」といつまでも読み聞かせを求めるようになるのです。こんなことで子どもたちが立派な大人へと成長できるでしょうか。

大人が子どものためと思ってやっていることにも、プラスに作用しないことはあるのです。そのひとつが「子ども扱い」を続けること。大人が子どもだからと思っていると、いつまでたっても成長しないということを忘れないでください。

7章　傷つけることを恐れるな

「子どもが傷つくから」と親が配慮して行なったことは、往々にして子どものためになっていません。その最たるものが、「順位をつけない運動会」だと思います。

運動会の徒競走で順位ができるのは、当たり前の話です。それがいつの間にか「ビリになった子がかわいそう」などという理由から、順位をつけない幼稚園や保育園が増えているといいます。

この「順位をつけない運動会」は、ふたつの観点から子どものためになっていません。

子どもは「勝負する」のが好き

ひとつは、競争することで伸びるという子どもの特性を活かせていない点です。

私の保育園の子どもたちは、走ることもレスリングも大好きです。毎日、園庭を走り回りますし、男の子たちは、レスリングを夢中でやります。

友達と競って勝ちたいからがんばって取り組める

しかし、彼らは「走る」ことや「レスリング」が好きなのではなく、勝負することが好きでやっているのです。「友達に勝ちたい」という思いがあるからこそ練習してまで、取り組んでいるのです。

これが子どもたちの本能なのです。断言できますが、私の保育園でも、明日から「みんな1等賞だからな」なんて言ったら誰も走らなくなるでしょう。レスリングでも「どっちもがんばったから、2人とも勝ちだぞ」なんて言ったら、誰もやらないと言い切れます。

子どもは勝負するのが好き。

順位がつくのが好き。

順位がつくからがんばれるのですから、子どもたちがいちばん喜ぶポイントをなくしてしまうのは、子どもたちのやる気をそぐことにほかならないのです。

「悔しさ」は子どもたちの大いなる活力

もうひとつは、傷つくこと、悔しいと思うことで子どもは伸びるという特性を活かせない点です。

2章で、子どもにとって「失敗こそ最良の先生」と述べましたが、運動会でビリになることも、子どもにいろんなことを教えてくれるのです。

運動会でビリになった子は、悔しいと涙するかもしれません。運動会の前の日には、恥ずかしい思いをしたくないからとダダをこねたりするでしょう。

しかし、そういった体験は子どもたちを成長させるのです。

ある子は、負けて涙しながら「次は勝とう！」と練習に励むようになるのです。

ある子は、走ることではかなわないから、勉強をがんばろうと思うのです。

このように悔しいという思いは、子どもたちにとって大いなる活力になるのです。

こういった活力を得る経験を、大人の「かわいそうだから」というエゴで奪ってはいけないのです。

また、私は「子育ての目的は自立させること」とも述べました。徒競走の順位で傷つくことくらいを恐れて、子どもは自立できるでしょうか。子どもが大人になっても、社会に出てもずっと守っていくつもりなのでしょうか。そんなことはできるはずがありません。

また、この社会に出て、傷つくことなく、挫折することなく一生を送れるはずもありません。そういった体験からは、決して逃れることはできないのです。

ですから、徒競走でお子さんがビリになって涙していたとしても「いい勉強をしている」と思って、見守ってあげてください。「かわいそう」という気持ちから守ってあげたいという衝動にかられるかもしれません。でも、決してそこで過保護にしてはいけません。

傷ついても守ってもらえる。慰めてもらえると子どもが悟ってしまうことは、子どもの成長を妨げることになるのです。

いいですか。子どもが傷つくことを恐れてはいけません。悔しいと思って流す涙は、必ず子どもを成長させてくれるということを忘れてはいけません。

競争させて「やる気」を引き出す

私は競争させることが子どものためになると考えていますから、運動会もいろいろ工夫して子どもたちのやる気を引き出しています。

まず、豪華商品を出しています。

安物を出しても誰も喜ばないので、親子リレーの商品は3万円のランドセル。おじいちゃん、おばあちゃん向けの競技では、ストーブやホットカーペット。そのほか、テレビや自転車、大人向けにはビール1年分という賞品も出しました。これらの賞品代だけで、毎年30万円以上使っています。

これだけ豪華賞品を出しているので、子どもだけでなく大人も真剣です。子どもたちは大人が一生懸命走る姿を見るとキャーキャー言って喜びます。おそらく普段の生活ではあまり見ない一面だからなのでしょうが、とにかくお父さんやお母さんががんばって走る姿に、とても刺激されてやる気を出してくれるのです。

このように子どもだけでなく大人のやる気までも引き出せるのですから、賞品代など安いものだと思っています。

ちなみに賞品は優勝者には豪華ですが、参加賞というのはありません。参加賞など出したら「勝ちたい」という意欲がそがれてしまうからです。勝った人だけ豪華賞品というのが、私のやり方です。

また、これは運動会にかぎりませんが3つの保育園での対抗試合もやっています。

私は、通山保育園、伊崎田保育園、たちばな保育園という3つの保育園を経営していますから、この3園でレスリングや陸上競技の対抗戦をするのです。

なかでも3園対抗でやるレスリング大会の盛り上がりは、すごいものです。戦う子はもちろん、応援する子、応援する先生たちも大きな声を出して真剣です。

こうして他園の子どもたちと戦うことは、子どもたちを飛躍させる原動力になります。絶対に負けたくないという気持ちが、彼らのやる気を大きく刺激してくれるからです。

昔は、こういった園同士の対抗戦を嫌がる先生もいました。

しかし、子どもたちが純粋に競い合い、目を見張るほどに能力を高める姿を見ると、先生たちも変わってくるのです。そう、先生たちも子どもたちから教えられるのです。

子どもたちの競争は純粋です

子どもの世界における勝負というのは、大人の世界のように殺伐としたものではありません。

私の保育園では、毎日が勝負の連続です。「勝った！」「負けた！」というのを、あちこちでやっています。しかし、その勝敗がねたみなどにつながることは決してありません。

大人の世界の競争は、他人の不幸を喜んだりするという、ネガティブな要素も少なくありません。

しかし、子どもたちの競争は、もっと純粋です。負けた相手を恨むのではなく、「自分もあの子のようになりたい」と尊敬の念を抱くことがほとんどです。だから、心配しないで子どもたちにはどんどん競争をさせればいいのです。

競争して傷つき、そのままダメになる子どもなどいないのです。子どもをそんなに甘くみてはいけません。

子どもは甘やかさないでしかる

子どもが傷つくからといって、決して甘やかしてはいけません。私は、保育園に入園する両親には「絶対に子どもを甘やかさないでください」と、いちばん最初に言います。それくらい甘やかすばかりで、厳しくしかれない人が多いからです。

子どもを甘やかすことは、百害あって一利なしです。優しくすると、優しさを学べると思っている人がいるようですが、それは違います。優しさとは、難儀とか苦労を体験して初めて学べるものです。

子どもをヨイショして育てても、彼らは何も返してくれません。それどころか、しっかりしからないことで、子どもが才能を伸ばす可能性を摘んでいるのです。

子どもには、厳しく接してください。

何かできないことがあると「大丈夫だよ」と言って、できないことから子どもを遠ざける人がいます。でも、遠ざけるから、いつまでたってもできない。「この子にはほかに向いていることがある」と親がすぐにあきらめて次のことをやらせる。そして、それがまたできないと、また別のことをさせる。このくり返しなのです。これでは、子どもはいつまでたっても何ひとつできません。

子どもを甘やかしてはいけません。

できないといって、すぐにあきらめさせないでください。できなければ、できない理由を見極めてアドバイスすればいいのです。そして、できるまでくり返し続けさせる。その結果、できるようになれば認めてあげればいいのです。難しいことに取り組んだ末に認められるから、子どもの心に響くのです。

しかれない親も増えています。

電車の中で騒ぐ。レストランで走り回る。自分の思い通りにならないからと、デパートの中で泣いて甘える。

誰が考えてもおかしなことです。にもかかわらず「子どもが萎縮してしまうから」としかれずに、黙っているか、必死になだめすかすだけ。こんなことをくり返すから、子どもは増長するのです。そして、そのうち親は子どもが恐くなる。

心ある周りの人がしかっても「かわいいうちの子を、他人がなぜ公衆の面前でしかるのですか！」と逆切れする。もしくは「おじちゃんが怒っているからやめようね」と、しかった人をにらむ。

こんな親が増えています。

これでは子どもが、ちゃんと成長しないのもやむをえません。子どもは馬鹿ではないのです。大人が本気で怒れば、傷つくのではなく、その真意を汲み取れる力があるのです。子どもをまっとうに育てたいのなら、今から厳しい親になることです。

子どもを甘やかしても何ひとついいことはないのです。

トラブルを解決することで「心」は育つ

子どもを守っていては「心」を育てることもできません。

子どもたちは何から「心」を学ぶのでしょう。

学校が「情操教育」というものを行なっているのだから、教えることで心を育てられると思っている人もいるのではないでしょうか。

しかし、心というのは、教えて学べるものではありません。心というものは、経験や体験によってのみ育てることができるのです。

子どもたちを、なぜ保育園や幼稚園、小学校に入れるのかといえば、これはいろんな困難を体験させるためです。

親と離れる。友達と言い争う。仲間に徒競走で負けて悔しい。

日常では体験できないこういった苦難を味わい、そして自ら克服させることで心は成長させられるのです。

そのために幼稚園や保育園、小学校といったところに通っているということを覚えておいてください。だから、そういったトラブルから親や先生が守ることとは、決して子どものためにはならないのです。

経験でしか心が育てられないということは、大人の社会でも同じです。

会社などの組織に属し、さまざまなトラブルを経験した結果「大人になった」という感想を抱く人は少なくないでしょう。

お坊さんは、厳しい修行に身を投じて悟りを開こうとしますが、これも苦境を乗り越えてこそ、心は育てられるということを意味しているのです。どんどん問題を与えてどんどん解決させる。すると子どもの心はどんどん成長するのです。

3歳をすぎたら「無条件に抱きしめない」

たとえ子どもが甘えてきても、安易に抱きしめてはいけません。

私は、無条件に子どもを抱きしめていいのは、2歳までだと思います。2歳までは、存分に愛情を注いでください。かわいい時期ですから、思う存分抱きしめてあげればいいのです。

しかし、3歳をすぎても、同じように接してはいけません。3歳以上の子どもに対して、無条件に抱きしめるのは、甘やかし、そして溺愛につながりかねません。

甘えてくる子どもを突き放すのは、親にとって難しい選択ですが、「自分でやりなさい」と毅然とした態度をとることが肝要です。

自立するということは、一朝一夕にできるものではありません。その意味を理解して正しく行動するのには、最低でも10年かかるものです。その自立するための第一歩が3歳にあると私は思います。

3歳児の甘やかしや溺愛は、思春期の失敗を招くと自覚して、特に男の子には、無条件に抱きしめない勇気をもちましょう。

溺愛する人のなかには、子どものためではなく自分のためにしている人も少なくありません。親の自己満足のために、子どもの将来をゆがめないでください。

3歳をすぎたら無条件に抱きしめない。子どものために大切なことなのです。

8章　子どもを飽きさせるな

子どもは自分で学び育っていくものですが、彼らのやる気を引き出すための「環境」はとても大切です。特に子どもたちにとって「いつも新鮮」であること。

つまり、飽きない課題が、いつも提示されている状態だと、子どもたちはどんどんその才能を伸ばしていきます。

自分たちの登場する文章が「書写」の課題

私の保育園では、字が理解できた子に「書写」をさせています。字を覚えた次のステップとしては、「作文」が一般的ですが、まだ字を覚えたばかりの子どもにとっては、なかなか難しいことです。そこで、見本となる文章を示して、それを写させています。

ただ、文章を写すというのは、普通に考えてもかなり退屈な作業です。そこで、子どもたちが楽しく取り組める工夫をしています。

おはようございます。
きのう、れんとくんが、なんと!!
ブリッジ回転が出来ました。
すばらしい
今日はみんなで見て下さい。
書写をすませて外へ
かけっこへ出よう。
ことちゃんが「good!!」30個に
なりそうです。

これは、私の保育園のあるクラスの黒板に書かれた一文です。
毎朝、担任の先生が、このようにクラスの友達について触れた文章を書きます。子どもたちは、自分が登場していればうれしいですし、友達がほめられていれば、彼らのよさを改めて認識することができます。こういった先生からのメッセージを毎日読むことで、子どもたちの読解力はかなり鍛えられていると思います。

こういった自分たちの登場する文章が、子どもたちは大好きです。ですから、これを、子どもたちの書写の課題にもしています。

はるくんは、
さかだちあるきめ
いじんです。まい
にちろうかでたく
さんれんしゅうし
ています。

これは書写の題材のひとつですが、子どもたちはとても楽しそうにこういった文章をノートに書き写していきます。

こうして書写をくり返すことで、子どもたちは自然と、作文の基礎となる言葉の使い方や「てにをは」を身につけていくのです。

こういったひと工夫が、子どもたちを「飽きさせない」ということです。これはご家庭でもできることです。乗り物や食べ物、お父さんやお母さんがでてくるような内容で、最初は短くて簡単な文章を書いてあげてください。

きっと子どもたちは楽しく書写してくれることと思います。飽きさせないというのは、何も大げさなことではなく、ちょっとしたことなのです。でも、そのひと工夫をしてあげられるか否かによって、子どもたちの才能の伸び方は、大きく変わってきます。

ちなみに、書写に慣れ親しんだ私の保育園の卒業生たちは、その後、学童保育においても書写を続けています。

小学生が取り組むのは、『小学生新聞』の書写です。最初は、虫の生態や偉人の物語など簡単な記事を写していますが、高学年にもなると、難しい政治や経済のニュースを写しています。彼らは高度な記事を写しながら、わからない単語がでてくれば辞書で調べて習得していきます。飽きない環境さえ用意してあげれば、子どもたちは勝手に学んでいくのです。

「ちょっとだけ難しい課題」を用意してあげる

「飽きない」環境作りのために大切なことが、「ちょっとだけ難しい課題」を用意してあげることです。

たとえば、初めて跳び箱に挑戦する子どもに、3段の跳び箱を用意します。最初は、できない子が多いですから、いろいろ工夫して挑戦します。しかし、全員跳ぶことができたあともそのままにしておくと、そのうち誰も跳び箱に見向きもしなくなります。

子どもたちは、もうできたこと、簡単すぎることには関心をもちません。

では、3段を跳べた子たちに10段の跳び箱を与えるとどうなるかといえば、これまた誰も見向きもしません。

子どもたちは難しすぎることにも興味を抱かないのです。

3段を跳べた子たちには、4段。4段が跳べたら5段といった具合に、ちょっとだけ難しい課題を与え続ければ、彼らはゲーム感覚でどんどん挑戦を続けます。考えてみれば、ゲームというものに子どもたちが夢中になるのは、ちょっとだけ難しい課題を次々と与えてくれるからなのです。

この子どもたちの特性を覚えておいてください。常にちょっとだけ難しい課題を与えること。この「ちょっとだけ」がポイントです。その課題が、簡単すぎないか、難しすぎないかだけには、気を配ってあげてください。

「競争する」が飽きさせない

「競争する」ということも、飽きさせないための効果的な工夫のひとつです。

とりわけ計算においては、この競争させるという演出がとても有効です。

陰山英男先生がすすめておられる「百ます計算」という計算力をアップさせる教材があります。これは、10×10のマス目に数字がふってあり、縦横交差する地点に対応するマス目の数を計算して書き込むものです。この問題を、どれくらいの時間で解けるのかストップウォッチで計りながら取り組みます。

この「百ます計算」で大事なのは、このストップウォッチでタイムを計るというところにあります。

タイムを計ることで、子どもたちの集中力が高まります。また毎日、タイムを計測し記録することで、過去の自分との競争心が芽生えて飽きることなく取り組めるのです。可能ならば、同じ年くらいの子たちとタイムを競うのもいいでしょう。なお、始めたばかりのころ、10×10では問題が多すぎるようなら、5×10や3×10といった具合に問題数を減らして、その

「百ます計算」のルール

+	1	5	2	8	4	3	7	9	0	6
3										
7										
6										
1										
0										
4						7				
5										
9										
2										
8										

この場合、横の数字「3」と縦の数字「4」をたして「7」となります

子のレベルに合わせてあげてください。

　こうして「百ます計算」やくもん式の問題をやったときは、ご両親が答え合わせをきちんとしてください。そして正解だった場合は、ハナマルでちゃんと認めてあげましょう。そこで単純に間違っている場合は仕方ありませんが、ズルしている形跡が見られたら見逃してはいけません。男の子はズルをしがちですから、そういう場合は、きっちりとしかるようにしてください。

何事もだらだらやってはいけません

ここで私の保育園における年長クラスのスケジュールをご紹介しておきます。子どもたちは、このような一日を送っています。

8時ごろ　登園
8時半　かけっこ
9時〜10時　自学自習（読み・書き・計算）
10時〜10時半　朝の会
10時半〜11時　かけっこ
11時〜12時　体操
12時〜13時　給食・歯磨き・掃除
13時〜14時　本読み
14時〜15時　音楽

15時～15時半　おやつ
15時半～16時　帰りの会
16時～　　自由遊び・降園

もっとも大切な自学自習は、かけっこしたあと、9時から10時の間に「読み」「書き」「計算」を20分ずつ行なっています。この20分というのが、子どもたちがひとつのことに集中できる限界の時間だと思っています。

子どもは、長い時間、集中して取り組むことができません。ですから、何事もだらだらやってはいけません。

飽きさせないためには、時間やテンポも大切です。

私の保育園を見学にきた方は、しばしば授業のテンポの早さに驚かれます。先生の話ぶりもそうですし、体操や音楽の教室に移動するときも、すばやく行ないます。

これは2歳のクラスでも同じです。

フラッシュカードという、動物やことわざなどが書かれたカードがあります。それぞれの絵を見せて、言葉の意味を覚えていくのですが、このときも赤ちゃんに語りかけるようなのんびりとした仕草はしません。

「ゾウ。ダンゴ。シマウマ」とテンポよくめくっていきます。すべてをわからせようとしなくてもいいのです。それよりもテンポをよくすることで、持続しにくい子どもたちの集中が続くうちに、いろいろ見せていく。これが大切なのです。

月一度の「フリータイム」で新鮮な気持ちに

次に年長クラスを中心とした簡単な年間のスケジュールもご紹介しておきます。

4月　健康診断／親子遠足
5月　保育参観／交通安全教室

6月　歯科検診／お泊まり保育
7月　祖父母参観／夏祭り
8月　プール参観
9月　霧島キャンプ／運動会
10月　健康診断
11月　人形劇
12月　マラソン大会／クリスマス会／餅つき大会
1月　卒園旅行
2月　節分
3月　学習発表会／卒園式

5月に保育参観をやるのは、年度の初めに子どもたちの状況を見てもらうためです。8月のプール参観は、市民プールで行ないます。夏休みは特にありません。このほか、2カ月ごとに「お誕生会」をしています。

これだけを見ていただくと、それほど特殊ではないかもしれませんが、これに加えて毎月一度「フリータイム」というのをやっています。

これはちょっとした遠足のことです。近所の公園にお弁当をもってでかけるだけなのですが、月に一度でもこういった特別な日があると、子どもたちにとって刺激になり新鮮な気持ちになるものです。遠足といえば、春と秋の2回のところが多いですが、こんな些細なことでも、子どもは飽きを感じないものです。

飽きさせない。
何かちょっとした刺激を感じさせる。

こういったことを私はいつも考えています。そんな私は、ふと思い立つと、子どもたちをバスに乗せて、近所の焼肉屋やラーメン屋に連れていくこともあります。子どもにとっては友達と外食するというのは大冒険。大人にとっては珍しくもないことでも、子どもにとって刺激的なことはいくらでもあるのです。

掃除をさせるときでも「15分で終わらせてみよう」

普段の「お手伝い」にも、飽きさせないための工夫をしてみてください。

たとえば、掃除をさせるときでも「15分で終わらせてみよう」と時間を区切ってみる。これだけのことでも、子どもたちはいろいろ考えます。

漫然と掃除をするのではなく、体を使いながら「どうすればより早く、正確にできるかな？」と考えさせることは、脳にもよい刺激になります。

子どもにとって、遊びと勉強の区別などないのです。どんなことでも、強制させられたり、同じ状態が続く退屈なものには拒否反応を示します。

しかし、お手伝いであっても、ちょっとした工夫によって、それは子どもたちの遊びになるのです。ぜひ、子どもたちのために「飽きさせない工夫」を心がけてください。それさえうまくできれば、子どもたちは勝手に学んでいくのです。

9章　子どもに押しつけるな

ここまで私は、「子どもは自分で学ぶもの」だと、くり返し述べてきました。自ら学び覚えていく「自学自習」こそが子どもを育てるのだから、大人が教えるといった考えは捨て去るべきと、折に触れて綴ってきました。

しかし、いざ「自学自習」できる環境を整えても、なかなか子どもが始めない、やる気を見せないという場合もあるでしょう。

そんなときに、やってはいけないのが「押しつける」ことです。

子どもは「やれ」と強要されることをいちばん嫌います。押しつければ、押しつけるだけ、自学自習の道から遠ざかってしまいます。

では、どうすればいいのか。

これまでも「競争させる」など、子どもが楽しんで取り組むちょっとした工夫を紹介してきましたが、そういったものも含め、子どもがやる気になる方法をここでまとめておこうと思います。

子どもがやる気になるための方法を、私は「4つのスイッチ」としてみなさんに紹介しています。

子どもがやる気になる「4つのスイッチ」

子どもには「やる気になるスイッチ」が4つあります。

1　子どもは競争したがる
2　子どもはまねをしたがる
3　子どもはちょっとだけ難しいことをしたがる
4　子どもは認められたがる

「1　子どもは競争したがる」は、「順位をつけない運動会」の項でも触れました。競争する。そしてその結果、「勝った！」「負けた！」と勝敗が着くことこそ、子どものやる気を奮いおこさせるのです。ぜひ、いろんな局面で競争を演出してください。

ただ、子どもは同じことが続くとすぐに飽きてしまいます。ですから、一定数のグループの中で延々同じ競争を続けることは、得策ではありません。力関係が明確な子どもたちに同じ競争をさせ続けても同じ結果がでるだけで子どもたちは飽きてしまいます。そんなときは、ハンデをつけてください。

私の保育園で、年少と年長が徒競走をするときは、必ずハンデをつけます。こうすれば遅い子も1等賞になれますし、速い子もビリになる可能性がある。だからみんな真剣に走るのです。こういった工夫で、必ず子どもたちが全力で競争する環境を保ってあげることが大切なのです。

また、競争相手がいない場合でも、タイムを計るなど、過去の自分と競争することはできます。子どもは競争によってやる気をおこすことを覚えてください。

「憧れ」がまねをする力を強める

「2　子どもはまねをしたがる」は、「本能」の項で触れました。

子どもは、まねをするということが本能に組み込まれている。教えることは覚えなくても、巧みにまねをすることで上達していくという話でした。

私の保育園では、5歳になった男の子たちの全員が、逆立ちで歩くことができます。見学に来られた方は一様に驚かれますが、何も特別なことはありません。

毎日練習をしただけ。

それも、大人が教えたのではなく、友達のまねをして上手くなっただけなのです。

ただ、こう言ってもなかなか信じられない方もおられるようです。では、そこにもうひとつだけ、私の保育園の子どもたちが上手になれる秘訣をつけ加えるならば、それは憧れでしょうか。

私の保育園では、0歳のクラスから5歳の年長のクラスまでの教室が、廊下に沿って並ぶなどとても近い距離にあります。このため幼い子たちは、年長クラスの子たちが逆立ちで歩いたり、ブリッジをしているのを、すぐ近くで毎日見ています。そういう子たちを取材しに、テレビ局や出版社がきているのも、よく見ています。そういったことが相まって、「早く僕もお兄ちゃんのようになりたい」という気持ちが、とても強くなっていくのです。

「まねをする」という力をより高める要素に、こういった「僕もなりたい」という「憧れ」があると思います。

子どもにやる気が芽生えないときは、そういった憧れの存在に近い環境を求めるのもひとつの手だと思います。

子どもたちには、理屈や基礎を教えるよりも、とにかくまねをさせてみる。「楽しく上手にやっている子のようになりたい！」と思わせることが効果的なのです。

「ちょっとだけ難しい」ことをさせる

「3　子どもはちょっとだけ難しいことをしたがる」は、「飽きさせない」ことの重要さについて紹介したときに触れました。子どもには「ちょっとだけ難しい」ことをさせるのが大切です。

多くの子どもたちは、学校で出される宿題が嫌いだと思います。これは、宿題というのが、ほとんどの子どもたちにとって「ちょっとだけ難しい課題」ではないからです。

学校の宿題というのは、個人の力量を見て出されたものではありません。あくまで「平均的な子ども」というものに対して出されているのです。それゆえ、勉強についていけなくなった子どもにとっての宿題は「とても難しい課題」です。反対に、勉強のできる子にとっては「簡単すぎてつまらない課題」なのです。これでは、やる気のスイッチは入りませんし、子どもを伸ばすこともできません。

子どもを伸ばすためには、一人ひとりの子どもに適した「ちょっとだけ難しい課題」を出してあげる必要があります。

大人は子どもに勉強を教えてはいけません。だが、子どもに無関心でもいけません。

大切なのは「ちょっとだけ難しい課題」を出せるように、子どもの現在の能力を的確に把握することなのです。

「認める」のに効果的な読書ノート

「4　子どもは認められたがる」は、6章の「子どもをほめるな」のところで触れました。子どもは「ほめる」のではなく「認める」ことが大切という話です。

私は、この「4つのスイッチ」の中で、この「認める」ことがいちばん大切だと思います。

「よし！」「できたね」

大人がこうやって認めてあげるだけで、子どもはやる気を大いに刺激されるのです。

この認めるというのは、言葉で伝えるだけではなく、いろんな方法で行なうことができます。

私の保育園の園児たちは、卒園するまでに平均して2000冊の本を読みます。この成果の大きな原動力となっているのが「読書ノート」です。

これは、子どもたちが読んだ本を、記録するものです。まだ字が書けない子どもたちは、読んだ本を手に先生のもとにやってきて、タイトルと日付を記録してもらいます。

これだけのことで、子どもは認められたと感じます。「よし。ちゃんと読めたね」。こんな一言でもっと難しい本も読んでみようとがんばるのです。

読んだ本のタイトルをどんどん記録していくと、「今月は30冊読んだ！」

「もう全部で５００冊読んだ！」といった達成感も味わうことができます。
こうして自分が読んだ本の数を知ることは、子どもたちに「もっとやりたい！」と思わせる刺激になるのです。

押しつけが子どものやる気を損なう

子どもには、押しつけることなく、やる気を引き出す。そのためには「4つのスイッチ」を上手に使ってください——。

この考えとともに私が伝えたいのが「親の思いを押しつけるな」ということです。

2章で「子どもに勉強を教えるな」と伝えましたが、大人というのはどうしても子どもに「教えよう」とする癖が抜けません。

先ほど、「読書ノート」の話をしましたが、「本を読む」ということにおいても、親の思いを押しつける人がいます。

「どんな本を読ませればいいですか?」と、私に聞く人は多いのですが、この質問にある「本を与える」という発想には、ものを教えようという考えがあります。そうではありません。

また、親というものは、どうしても「情緒豊かになる本」というものを選んで与えようとします。

これも違います。子どもは必要な本があれば、自分で選んで自分で読むのです。大人が「これを読みなさい」と与える必要はありません。そんなことをしたら、本が嫌いになってしまいます。

本屋や図書館に連れていって好きな本を選ばせるだけでいいのです。

最初のうちは、乗り物の本やアニメの本を選んでくる子どもも少なくないでしょうが、そんなことは構わないのです。まずは本を好きにさせることが大切。そして本が好きになれば、自分で必要な本を選んでくるのです。

子どもは、自ら学んで吸収していく才能をもっています。お子さんの才能を信じ、お子さんの自主性を引き出してあげてください。

勉強を押しつけてはいけません。そして親の思いも押しつけてはいけません。

10章　子育てをがんばるな

この本を手にとってくださった方は、教育について熱心な方がほとんどだと思います。だからこそ、最後に伝えておきたいのですが、子育てをがんばってはいけません。

ここまでくり返し述べてきた「自学自習」について理解してくださった方は、その真意をおわかりだと思いますが、子どもは自分で育つものです。子育ての目的は自立にあり、その目標に向かって子どもたちは勝手に学び成長していくのです。

親は、成長を認めてあげ、子どものやる気を引き出す環境さえ整えてあげればいいのです。

「私が何かしなければ」と思ってはいけません。
がんばってはいけません。

大人ががんばることは、そのほとんどが、子どものためにはなりません。

子どもは子どもで、勝手に成長するのです。

自学自習に通じる鹿児島の「郷中教育」

私が生まれ育った鹿児島には「郷中教育《ごじゅう》」というものがありました。

鹿児島は、西郷隆盛や大久保利通といった偉人を輩出しましたが、彼らもこの教育で育っています。

この郷中教育は、6歳から25歳までの男子で構成された私塾のようなものです。年齢ごとにグループを作り、年長者が年少者を教育することで運営されていました。

簡単にその一日をご紹介すると、朝は6時から講義を聞き、8時から体を鍛える。そして10時にはふたたび勉強に戻り、朝の講義の復習をしました。

昼食をすませると、山や川で思い切り遊び、午後2時からふたたび朝の講義の復習を行ない、午後4時からは武芸の稽古をしたといいます。

それ以降も、二才《にせ》と呼ばれた15歳から25歳くらいまでの青年で構成された一団は、書物を読んだり詮議（議論）をし、二才で解決が難しいことは、長老に相談して解決していったそうです。

このように郷中教育の様子をご紹介すると、私の保育園で行なっていることと似ていることに気づいていただけるかと思います。

講義を受けたあとは、自学自習のくり返し。勉強と運動を交互に行ない、直接の指導は、憧れの対象となる年長者が実施する。西郷や大久保といった歴史に名を残した人物も、親に勉強を教えられて育ったわけではありません。郷中教育という仕組みのなか、自学自習で育ったのです。

私はこの郷中教育を意識して今の自学自習に至ったわけではありません。でも、だからこそ何か感慨深いものがあります。おそらく人を育てるうえで大切なことは、今も昔も変わらない。きっと普遍的なものだと思うのです。

日本が誇るべき「ソロバン」で育てよう

この郷中教育のように、日本には古くから素晴らしい教育方法がたくさんありました。

私は、こういった日本に根づいた教育法や文化を大切にしたいと思います。やはり外来のものよりも、私たちが暮らしている土地に根づいたもののほうが、肌感覚として理解しやすいですし、日本の子どもたちにも馴染みやすいと思います。

今、算数の世界では「インド式計算」が注目されています。19×19まで（361通り）の計算を「九九」のように暗記するなど、インドにおける数学教育は、彼らのＩＴ分野における世界進出も相まって海外から大きな注目を集めています。

日本でも、このインド式計算を習わせる親が増えているといいます。しかし、日本には、世界に誇るべき「ソロバン」という優れた計算ノウハウがあります。

ソロバン1級ほどの実力が身につくと、桁数が多い掛け算や割り算も暗算で答えることができます。これはソロバンが手元になくても、頭の中にソロバンの珠が浮かんでくるからだそうです。

私は、インド式計算よりも、このソロバンのほうがすごいのではないかと思っています。

日本にはこんなに素晴らしいノウハウがあるのに、それに目を向けず「計算はインド式がいい」と安易に思うのは、おかしな気がします。

日本の子どもには、できるだけ日本が培ってきたノウハウを教えてあげるのが、いいのではないかと私は考えます。

「水が合う」という言葉がありますが、育った土地、育った国の方法が、子どもたちにはいちばん馴染みやすいのではないでしょうか。

子どもをより賢くしたい——。この答えを安易に求めて、流行の教育方

ソロバンで計算力を身につければ、2ケタ以上の暗算もできる

法に飛びつくことが得策とは思えません。この国が培ってきた方法を子どもたちに手渡し、彼らが成長するのを見守ることが、大切だと考えます。

「貧乏、子だくさん」は自学自習に適した環境

郷中教育やソロバンの話をしましたが、私は、この国の歴史を振り返れば、子どもを成長させるヒントは、もっとたくさんあるように思います。

たとえば、日本に伝わることわざの数々――。

「三つ子の魂百まで」とは、幼いときの性質は年をとっても変わらないという意味です。「三つ子」を「三歳」と限定してはいけません。もっと広く「幼少期」と捉えるのが正しく、幼児教育の大切さを昔から伝えているのです。

この類似語に「産屋の癖は八十までなおらぬ」というのもあります。

「雀百まで踊り忘れず」は、幼いときに身につけた習慣は、いくつになっても変わらないという意味。「昔取った杵柄」は、過去に習い覚えた腕前のこと。その技術が年を経て発揮されるときにも用いられます。

このように「幼少期」が人間に与える影響力の大きさを表すことわざというのは、たくさんあります。こういったことわざ群からも、幼児教育の重要性を感じることができるのではないでしょうか。

もっと個人的な体験からも学ぶことができます。

たとえば、私が子どもだったとき——もう50年ほど前の話ですが——だいたいどの家庭も貧しいものでした。そして、どの家庭にも子どもがたくさんいました。

子どもたちにとっては「おなかいっぱいにごはんを食べるのが夢」という時代でしたが、こういった「貧乏、子だくさん」の家庭というのは、子どもを育てる環境としては実によかったと思います。

親は子どもを食べさせるだけで必死ですから、溺愛などしている余裕はありません。子どもも親から勉強を教えてもらうことなどできませんから、自分で学ぶしかない。

そしてそのための先生となるのは、兄や姉であり、年が近い兄弟とはいつも自然と競争が生まれる。

このように考えると、「貧乏、子だくさん」は、まさに自学自習のための環境だったように思います。そして、親は忙しくあまり子どもにかまってもいませんでしたが、子どもが親の愛情を疑うようなことは決してなく、親を尊敬したものです。

日本の高度成長は、こういった子育てに適した環境が自然と生まれていたから成し遂げられたのではないかとも、思います。

子どもを育てるのに適した環境は、特別なものではありません。このように、自然と生まれるようなものなのです。

そんな環境が昔の日本にはどこの家庭にもあったのですから、今の人たちが、そういった環境を作ることに、がんばりすぎることはないのです。

「いいお母さん」になろうとしない

私は講演で、お母さんにこう言います。

「3歳をすぎたら、子どもを抱きしめないでください。抱きしめるのは、旦那さんだけにしてください」

お父さんには、こう言います。

「子どもはあまりほめなくていいですからね。そのぶん、奥さんをもっとほめてください」

私がこのように話すと、お父さんもお母さんも笑ってくれます。

私はこの話に、子どもを甘やかせてはいけませんよというメッセージとともに、もっと夫婦の時間を大切にしてほしいという思いも込めています。

多くのお母さんが「いいお母さんになろう」とがんばります。その思いはとてもすばらしいものですが、往々にして空回りします。

「いいお母さんになろう」として勉強しすぎないでください。

子育てに関する本をたくさん読んだり、講演にいったりすることは、無意味とは言いません。しかし、どこまでいっても、それは子どもに関する一般論にすぎないのです。

子育ては、自分の子どもが相手です。

一般論をたくさん頭に詰め込むことよりも、自分の子どもをよく見ることが大切だと思います。

迷ったときには、本に頼るのではなく、まず自分の子どもを見てください。きっと答えはそこにあります。

そしてそれでも答えがでないときには、夫婦で話をしましょう。偉い先生よりも、旦那さんや奥さんのほうが、自分の子どものことを知っています。2人で考えれば、たいていの答えはでると思います。

子育ては、男の子のほうが難しいと思います。女の子は、素晴らしい「母性」があるので、我慢強く、理解力も高いので育てやすい。しかし、男の子は、そうはいきません。特に、甘やかして育てると、いつまでも成長しきれない子どもになってしまいます。

世のお母さんは、こういった育てにくいという男の子の性質に悩んでいるのですが、そこには「自分が男ではない」という要因もあります。

ですから、男の子の子育ては男の気持ちがわかるお父さんに相談しましょう。男の子は、お父さんの協力があるほうが、ずっとうまくいくはずです。

お父さんは最高の「ガキ大将」を目指す

お母さんと同様、お父さんも子育てをがんばりすぎてはいけません。お父さんが目指すべきスタンスとしては、子どもが憧れるガキ大将がいいでしょう。

私の保育園の子どもたちは、私のことがとても好きなようです（笑）。私は、子どもたちを名前で「呼び捨て」にしますし、ごほうびにガムも配る。ときにはバスに乗せてラーメン屋に連れていったりもします。海に行けば、タコがとれる場所も知っています。

きっと子どもたちにとっては、とてもレベルの高いガキ大将なのでしょう。

お父さんは、変に子どものことを考えるよりも、子どもが憧れる対象であればいいと思います。

お母さんは「危ない」とか「虫歯が」とか、いろいろ気にする傾向にありますが、お父さんはちょっとのことは、構わなくていいのではないでしょうか。

とにかく、どんどん面白いことを教えてあげて尊敬される対象になる。そうすれば、きっと子どものこともどんどんわかってくるはずです。

子育てでは、一般論を求めすぎてはいけません。

何よりも大切なのは、子どもを見ること。そして、子どもをともに育てるパートナーを大切にすること。

言ってしまえば実にシンプルなことですが、私はこれがもっとも大切なことだと思うのです。

おわりに

これからの子どもたちは、とても厳しい時代を生きていかねばなりません。

2011年3月11日に発生した東日本大震災以降、その想いをよりいっそう強くしています。きっと、同じような考えの方も少なくないでしょう。

これからこの国は、どうなるのか。

その見通しすらつきにくい状況のなかで、子どもたちにどういった教育をするべきなのか。とても重要な問題だと思います。

ただ、この本の中で「学校を信用するな」と書いたように、国が適切な対処をしてくれると信じるわけにはいきません。

残念ながら、子どもの教育を国任せにすることなどできないのです。

今回のような未曾有の国難の時代に、幼い子どもをもつ親御さんの心配は尽きることがないと思います。

しかし、こういった状況においても、悲観ばかりする必要はないと私は思っています。

その理由は二つ。

まず、学校が信用できずとも、すべての子どもは生まれながらに天才だからです。

生まれながらに、すべての子どもは、学ぶことが大好きだからです。

ですから子どもを信じて、その才能を伸ばすための環境を作る。

そして、子どもの学ぶ意欲を引き出して、見守っていく。

こうして「自学自習」のできる子どもに育てることができれば、もう恐れることはありません。

この習慣さえ身につけられれば、子どもたちは困難な状況でも、たくましく生きていくことができます。

その時代に必要な情報も、自分で取捨選択することができるのです。大人が生半可な判断で「これがよい」などと選別した知識など与え続けても意味はありません。

子どもは生まれながらに素晴らしい才能をもっている。それは「自学自習」で開花させられる。

この事実がある限り、悲観する必要はありません。

もうひとつ前を向いていける理由は、子どもの才能が、このような困難な時代にこそ、いっそう輝くという一面をもっているからです。

本書の中で「貧乏、子だくさん」は、自学自習を身に付けるのに適した環境と述べました。

これと同じく、今のような厳しい環境に育った子どもは、幼いときから自分で学び、自分で考える習慣が身についていきます。

今ほど、小学生の子どもたちが社会に関心をもっている時代は、なかなかないでしょう。

このような困難を招いてしまったことは、どうしようもない悲劇です。しかし、そこに希望を見つけるならば、子どもたちが多くのことを学び、そして大きく成長してくれることだと思います。

きっとこの時代に育った子どもたちは、立派な成長を遂げてくれることと思っています。

「子どもは国の宝」

漫然と使われることの多い言葉ですが、今こそ、この意味を重く受け止めるときではないでしょうか。

この国の未来は、子どもたちのためにあります。

そして子どもたちが作っていくものでもあります。

こんな時代だからこそ、子どもたちはいっそうの宝なのです。

その宝を、より輝かしいものにするためにも、私たちは子どもの育て方を誤ってはいけないのです。

このことを忘れないでください。

本書を読んでくださったみなさんの宝が、しっかりと輝いていくことを強く願っています。

二〇一一年八月吉日　横峯吉文

「ヨコミネ式」教育法は2005年より
幼児活動研究会（http://www.youji.co.jp）
日本経営教育研究所（コスモネット http://www.cosmo.bz）
とともに、「YYプロジェクト」として全国展開されています。

〈YYプロジェクトの考え方〉

すべての子どもが天才である。
できることはおもしろい　おもしろいから練習する
練習すると上手になる　上手になると楽しい
そして次の段階へ行きたくなる
このくり返しで　一流に育つ
すべては1から始まり　毎日の積み上げで
10年でだれでも一流になれる

YYプロジェクト導入園では
「すべての子どもの可能性を確実に引き出す」
「すべての子どもに無限の可能性がある」
「できない子なんていない」
を立証しています。

横峯吉文（よこみね・よしふみ）
1951年3月1日生まれ。鹿児島県志布志市に社会福祉法人純真福祉会「通山保育園」を設立。現在は3つの保育園と「太陽の子山学校演習場」、「太陽の子児童館」の理事長。卒園までに園児が逆立ちで歩いたり、5歳児で漢字が読み書きできたり、小学1年生で割り算ができるようになる、ユニークで独創的な「ヨコミネ式」天才教育が注目され、カリキュラムとして採用する保育園、幼稚園が急増している。プロゴルファー・横峯さくらの伯父でもある。

本書は2010年4月に小社より刊行した宝島社新書『子どもに勉強を教えるな「ヨコミネ式」自学自習の10か条』を改訂し、文庫化したものです。

宝島SUGOI文庫

「ヨコミネ式」家庭でできる天才教育
（よこみねしき かていでできるてんさいきょういく）

2011年8月19日　第1刷発行

著　者　横峯吉文
発行人　蓮見清一
発行所　株式会社 宝島社
〒102-8388　東京都千代田区一番町25番地
電話：営業 03(3234)4621　編集 03(3239)0069
http://tkj.jp
振替：00170-1-170829（株）宝島社
印刷・製本　株式会社廣済堂

First published 2010 by Takarajimasha, Inc.
ISBN 978-4-7966-8516-0